Mibeko na Kotelemela Makambo yango Izali te

Mbuma na Molimo

Mibeko na Kotelemela Makambo yango Izali te

Dr. Jaerock Lee

Mibeko kotelemela makambo yango Izali Te na Dr. Jaerock Lee
Ibimisami na Ba Buku Urim (Mokambi: Johnny. H. Kim)
361-66, Shindaebang-Dong, Dogjak-Gu, Seoul, Coree
www.urimbooks.com

Droit D'auteur. Buku oyo to mpe eteni na yango ikoki te kobimisama na lolenge soko nini, kotiama kati na systema na komonan na bat ebele, to kopesama na lolenge na electronique, mecanique, na photocopie, enregistree to mpe soko nini, soko mokomi apesi nzela te.

Makomi isantu nioso mazwami kati na Biblia Esantu ibengami, NEW AMERICAN STANDARD BIBLE, ®, Copyright © 1960, 1962, 1963, 1968, 1971, 1972, 1973, 1975, 1977, 1995 na Fondation Lockman. Isalelami soki nzela ipesami.

Droit D'auteur © 2013 na Dr. Jaerock Lee
ISBN: 979-11-263-0834-7 03230
Copyrignt na Traducteur © 2013 na Dr, Esther K. Chung.
Ikosalemelama soki nzela ipesami.

Kobimisama wa Yambo na Octobre 2013

Liboso ibimisamaka na ki Coreen na 2009 na ba Buku Urim na Seoul, Coree

Edition na Dr. Geumsun Vin
Desin na Ndako na Edition na ba Buku Urim
Soki Bolingi koyeba mingi bo contacter: urimbook@hotmail.com

*"Nde mbum na molimo izali boye: bolingo, esengo, kimia, motema petee, boboto, malamu, kondima, bopolo mpe komikanga motema.
Mibeko kotelemela makambo yango izali te."*
(Bagalatia 5:22-23)

Ekotiseli

Bakristu bazwaka bonsomi
na solo lolenge bakobotaka ba mbuma
na Molimo Mosantu,
mpona yango mobeko ezali te.

Moto nioso asengeli na kolanda mibeko kolanda na oyo akosalaka. Soki bakoyoka lokola mibeko mikomi minyololo na kokangaka bango, bakoyoka nkaka mpe pasi. Nde kaka mpo ete bayoki nkaka, soki bakolandaka makambo na pamba to mpe mbilinga mbilinga ezali bonsomi te. Sima na bango komikotisa na makambo na lolenge eye, bakotalaka kaka na koyoka lokola pamba, bongo na suka kufa na seko ikozela bango.

Bosomi na solo ezali kosikolama na kufa na seko mpe na mpinzoli na lolenge nioso, mpe pasi. Ezali mpe kokonza bizaleli tobotama na yango, oyo ikomemelaka biso makambo na pamba mpe kozwa nguya na kokonza miango. Nzambe na bolingo Alingi te été tonyokwama na ba lolenge nini, mpe mpona yango Akoma kati na Biblia ba lolenge na kozwa bomoi na seko mpe bonsomi na solo.

Ba miyibi to ba oyo bakobukaka mibeko na ekolo ba kozanga kimia soki bamoni ba pulusu. Kasi ba oyo babiki malamu kati na mibeko bakoyokaka bongo te, kutu bakosenga lisungi epai na ba pulusu, mpe bakoyoka malamu kozala elongo na ba pulusu.

Lolenge moko, ba oyo babiki kati na solo babangaka eloko moko te mpe bakosepelaka bonsomi na solo, pamba te basosoli nini mobeko na

Nzambe ezali, nzela na mapamboli na solo. Bakoki kosepela bonsomi na solo lokola baleine kotiola kati na ocean mpe pongo ikopimbwaka na likolo.

Mobeko na Nzambe ekabolami na biteni minei minene. Elobeli na biso kosala, kosala te, kobatela, mpe kolongola makambo masusu. Na koleka na mikolo, mokili ekobi na kobebisama na masumu mpe na mabe, mpe mpona makambo oyo bato mingi bakoyoka nkaka mpona mobeko na Nzambe mpe bakobatela yango te. Bato na Yisalele na tango na Boyokani na Kala banyokwamaki mingi na tango bazangaka kobatela Mobeko na Mose.

Bongo, Nzambe Atindaki Yesu na mokili oyo mpe Asikolaki bato nioso na lisuma na Mobeko. Mozangi lisumu Yesu Akufaki na ekulusu, mpe nani nani andimeli Ye akoki kobika o nzela na kondima. Tango bato bazwi libonza na Molimo Mosantu na kondimelaka Yesu Christu, bakomi bana na Nzambe, mpe bakoki pe kobota ba mbuma na Molimo Mosantu na lisungi na Molimo Mosantu.

Na tango Molimo Mosantu Ayei kati na motema na biso, Asungaka biso tososola makambo na mozindo na Nzambe mpe tobika na Liloba na Nzambe. Ndakisa, soki ezali na moto oyo tokoki solo kolimbisa te, akososolisa biso bolimbisi mpe bolingo na Nkolo mpe Akosunga biso tolimbisa moto yango. Bongo, tokoka nokinoki kolongola mabe kati na motema na biso mpe na esika wana tomemi bolingo mpe bolamu. Na boye, na lolenge tokobota ba mbuma na Molimo Mosantu na lisungi na Molimo Mosantu, tokosepelaka bonsomi kati na solo te mpe lisusu kozwa bolingo mpe mapamboli na Nzambe miye mikosopanaka.

Through the fruit of the Spirit, we can check ourselves as to how sanctified we are and how close we can get to the throne of God, and as to how much we have cultivated the heart of the Lord who is our bridegroom. The more fruit of the Spirit we bear, the brighter and the more beautiful heavenly dwelling place we will enter. In order to get to New Jerusalem in Heaven, we must bear all the fruits fully and beautifully, and not just some of the fruits. Na nzela na ba mbuma na Molimo, tokoki na komitala na lolenge nini tobulisami mpe lolenge nini tokoki kopusana pene pene na ngwende na Nzambe, mpe na lolenge nini tokolisi motema na Nkolo oyo Azali mobali na biso na libala kati na biso. Ebele na ba mbuma na molimo tokokolisa, nde bisika na koingela na kongenga makasi tokozala na Lola. Mpona kokota Yelusaleme na sika na Lola, tosengeli kokolisa ba mbuma nioso na kokoka mpe lolenge esengeli, kaka ndambo na yango te.

Mosala oyo Mibeko kotelemela makambo yango Izali te, ikosunga bino na pete bososola na molimo ba mbuma libwa na Molimo Mosantu elongo na ba ndakisa milongobani. Elongo na ba Bolingo na Molimo na 1 Bakolinti 13, mpe Bato na Esengo na Matai 5, ba mbuma na Molimo mosantu izali bilembo miye mikotambwisaka biso na bondimi Ekoka. Mikokamba biso kino tango tokokoma na destination na suka na kondima na biso, Yelusaleme na Sika.

Matondi na ngai epai na Geumsun Vin mokambi na Ndako na Edition mpe basali, mpe na bondeli na kombo na Nkolo ete bokobota nokinoki ba mbuma libwa na Molimo Mosantu na nzela na buku oyo mpo ete bokoka kosepela bonsomi na solo mpe bokoma bafandi na Yelusaleme na Sika.

Jaerock Lee

Ekotiseli

Signal na balabala na mobembo
na biso kati na kondima
Na Yelusaleme na Sika na Lola

Moto nioso azali na makambo na kosala na mokili ya lelo. Bazali kosala mpe kotoka mpona kozwa mpe kosepela biloko na lolenge na lolenge. Kasi ata bongo basusu bazali na eloko bakolandela mpona bomoi na bango moko, kasi ata bato yango na koleka na tango bakoki komituna soki bazali kobika bomoi esengela. Bongo na ngonga wana bakoki kotala sima na bomoi na bango moko. Kati na mobembo na biso kati na kondima mpe, tokoki kokola nokinoki mpe kozwa nzela mokuse mpona bokonzi na Lola na tango tokomitalaka na Liloba na Nzambe.

Chapitre 1, 'Kobota mbuma na Molimo', elimboli likolo na Molimo Mosantu oyo Asekwisaka molimo ekufa, eye ekufaka likolo na lisumu na Adamu. Elobeli biso ete tokoki kobota ebele na ba mbuma na Molimo mosantu na tango tolandi posa na Molimo Mosantu.

Chapitre 2 'Bolingo' elobeli biso nini mbuma na Molimo na kombo na Bolingo izali. Etalisi mpe biso ba bolingo na kanyaka wuta bokweyi na Adamu, mpe epesi biso ba nzela na kokolisa bolingo esepelisaka Nzambe.

Chapitre 3, 'Esengo' ezali moboko mpona kotala soki kondima na biso esengeli mpe kolimbola tina nini tobungisa esengo na bolingo na ebandeli. Etalisi biso likolo na ba lolenge misato mpona kobota mbuma na esengo, na oyo tokoki kosepela mpe kozala na bobangi soko te na likambo na lolenge nioso.

Chapitre 4 'Kimya' ebetisi sete ete ezali motuya mpona kobuka miboko na masumu mpona kozala na kimya na Nzambe, mpe ete tosengeli kobatela kimya kati na biso moko mpe na bato nioso. Esosolisi mpe biso motuya na koolobaka maloba na bolamu mpe kokanisa kolandana na makanisi na bato mosusu na nzela na koluka kimya.

Chapitre 5 'Motema Petee' elimbola patience na solosolo ezali te kaka kobomba bizaleli na biso mabe kasi kozala na motema petee na motema malamu iye izanga mabe, bongo tokopesa mapamboli na solo na tango tozali na kimya elongobani. Ezindi mpe kati na patience na lolenge misato: Patience na kobongola motema na moto; patience epai na bato; patience mpona Nzambe.

Chapitre 6 'Boboto' etangisi biso moto na lolenge nini azali na boboto na ndakisa na Nkolo. Na kotalaka kati na ba lolenge na boboto, etalisi mpe biso bokeseni na yango na 'bolingo'. Suka suka, etalisi biso nzela na kozwa bolingo mpe mapamboli na Nzambe.

Chapittre 7 'Bolamu' elobeli biso likolo na motema na bolamu na ndakisa na Nkolo oyo Atikala koswana soko koonganga te; to mpe kobuka kekele to mpe kozimisa lotambe loziki mokemoke te. Ezali mpe kokesenisa bolamu na ba mbuma misusu mpo ete tokoka kobimisa malasi na solo na Christu.

Chapitre 8 'Malamu' etangisi biso likolo mapamboli na lolenge nini tokozwa na tango tozali sembo na ndako mobimba na Nzambe. Ndakisa na Mose mpe Yosefe, esosolisi biso moto na lolenge nini aboti mbuma na bosembo.

Chapitre 9 'Bopolo' elimboli tina na bopolo na miso na

xiii

Ekotiseli

Nzambe mpe elimboli ba lolenge na ba oyo baboti mbuma na bopolo. Epesi biso ndimbola na ba lolenge minei na mabele mpe nini tosengeli kosala mpona kobota mbuma na bopolo. Elobeli bison a suka likolo na lipamboli na lolenge nini mpona baton a bopolo.

Chapitre 10 'Komikanga motema' etalisi biso mpona nini komikanga motema etalisami lokola mbuma na suka na Molimo Mosantu lolenge moko na motuya na komikanga motema. Mbuma na komikanga motema ezali eloko esengeli mpenza, oyo ezali kokonza likolo na ba mbuma mwambe mosusu na Molimo Mosantu.

Chapitre 11, 'Mibeko kotelemela makambo yango izali te' ezali kokanga na buku oyo, eye esungi biso na kososola motuya na kolanda Molimo Mosantu, mpe ekolikya ete batangi nioso bakokoma noki noki bato na molimo ekoka na lisungi na Molimo Mosantu.

Toki te koloba ete tozali na kondima monene kaka mpo ete tozala bandimi mpona tango molayi to kaka mpo ete tozali na boyebi makasi na Biblia. Etape kati na kondima esosolami na lolenge nini tobongoli mitema na biso na mitema oyo na solo mpe na lolenge nini tokolisi motema na Nkolo.

Nakolikya ete batangi nioso bakokoka kotala kondima na bango mpe na kobota ebele na ba mbuma libwa na Molimo Mosantu na lisungi na Molimo Mosantu.

Geumsun Vin,
Mokambi na ndako na Edition

KATI NA BUKU
Mibeko na kotelemela makambo yango ezali te

Preface · vii

Ekotiseli · xi

Chapitre 1
Kobota mbuma na Molimo   1

Chapitre 2
Bolingo   13

Chapitre 3
Esengo   29

Chapitre 4
Kimya   49

Chapitre 5
Motema Petee   69

Chapitre 6
Boboto   87

Chapitre 7
Bolamu   103

Chapitre 8
Kondima   119

Chapitre 9
Bopolo   137

Chapitre 10
Komikanga Motema   159

Chapitre 11
Mibeko kotelemela makambo yango ezali te   175

Mibeko kotelemela makambo yango izali te

Bagalatia 5:16-21

"Nalobi ete botambola na Molimo mpe bopesa posa na nzoto nzela te. Pamba te mposa na nzoto ekobundakabundaka na mposa na Molimo mpe mposa na Molimo ekobundakabundaka na mposa na nzoto ; nioso mibale ikotemanaka, kopesa bino été bozanga kosala yango ekani bino. Nde soko bokambami na Molimo bozali na nse na Mibeko te. Misala na nzoto mimonani polele yango oyo :ekobo, makambo na bosoto, pite, kosambela bikeko, ndoki, nkaka, kowelana, zua, nkanda, kolulela, kokabwana, koponapona, koboma bato, kolangwa masanga, bilambo na lokoso mpe makambo na motindo yango. Nazali kokebisa bino lokola ekebisaki ngai bino liboso été ba oyo bakosalaka makambo yango bakosangola bokonzi na Nzambe te."

Chapitre 1

Kobota mbuma na Molimo

Molimo Mosantu Asekwisaka molimo ekufa
Kobota mbuma na Molimo
Posa na Molimo Mosantu mpe Posa na mosuni
Tobungisa elikya ten a kosalaka malamu

Kobota mbuma na Molimo

Soki bakumbi motuka bazali kokumba na auto route polele bakoki koyoka lokola bazongisami sika. Kasi soki bazali kokumba na esika mpona mbala na liboso, basengeli na kosala ngele mpe kosenjela. Kaka boniboni soki bazali na systeme na navigation GPS kati na motuka na bango? Bakoki kozala na ba detailles na mambi na nzela mpe kotambwisama malamu, nde bakoka kokoma na esika na bango kokende na kobunga te.

Nzela na biso kati na kondima na nzela na bison a Lola ezali lolenge moko. Mpona ba oyo bandimeli Nzambe mpe babiki na Liloba na Ye, Molimo Mosantu Akobatela bango mpe akotambwisa bango na avance, mpo été bakutana na mabaku mingi te mpe minyoko na bomoi. Molimo Mosantu Akambaka biso na nzela na mokuse eleki na destination na biso, Bokonzi na Lola.

Molimo Mosantu Asekwisaka molimo ekufa

Moto way ambo, Adamu, azalaka molimo na bomoi na tango Nzambe Asalaka ye mpe Apemaka kati na zolo na ye pema na bomoi. 'Pema na bomoi' ezali 'nguya oyo ezali kati na pole na ebandeli' mpe ekitana na bakitani na Adamu na tango bazalaka kobika kati na Elanga na Edeni.

Kasi, ta tango Adamu na Ewa basumukaki na kozanga botosi mpe babimisamaki na mokili oyo, makambo mazalaki lisusu lolenge moko te. Nzambe Alongolaki ebele na pema na bomoi kati na Adamu na Ewa mpe Atikaki kaka elembo na yango, yango nde 'nkona na bomoi'. Mpe nkona oyo na bomoi ekoki te kokitana logwa na Adamu na Ewa epai na bana na bango.

Bongo, na sanza motoba nna zemi na mama, Nzambe Atiaka nkona na bomoi kati na molimo na bebe mpe Alonaka yango kati na mokokoli na cellule ezalaki kati na motema, yango ezali katikati na nzoto na moto. Mpona ba oyo naino bandimeli Yesu Christu te, nkona na bomoi etikalaka pamba kaka lolenge nkona oyo ezipami na poso makasi. Tolobaka ete molimo mokufi na tango nkona na bomoi ezali na mosala te. Na lolenge molimo mokotikala na kufa moto akoki te kozwa bomoi na seko to mpe kokende na Bokonzi na Lola.

Wuta bokweyi na Adamu, bato nioso basengelaki na kokufa. Mpona bango kozwa lisusu bomoi na seko, basengeli kolimbisama na masumu na bango, yango ezali tina nay ambo na kufa, mpe molimo na bango mokufa mosengeli na kosekwa. Mpona tina yango Nzambe wa bolingo Atinda Muana na Ye se moko na likinda Yesu na mokili oyo lokola mbeka mpe Afungola nzela na lobiko. Na bongo, Yesu Amema masumu nioso na bato mpe Akufa na ekulusu mpona kozongisa bomoi na molimo na biso ekufa. Akomaki nzela, solo, mpe bomoi mpona bato nioso bazwa bomoi na seko.

Bongo, na tango toyambi Yesu Christu lokola Mobikisi na biso moko, masumu na biso malimbisami; Tokomi bana na Nzambe mpe tozwi likabo na Molimo mosantu. Na nguya na Molimo Mosantu, nkona na bomoi, oyo etikalaka lokola na pongi kati na moto, ekollamuka mpe ekozongela mosala na yango. Yango ezali tango molimo mokufa mosekwisami. Pona oyo Yoane 3:6 elobi ete, "...Oyo ebotami na Molimo ezali molimo," Nkona oyo elonami ekoki kokola kaka soki etiami mayi mpe moi egengeli yango. Na lolenge moko, nkona na bomoi esengeli kotielama main a molimo mpe pole mpo ete ekoka kokola sima na yango kolonama. Boye mpona kokolisa molimo na biso, tosengeli koyekola Liloba na Nzambe, yango ezali mai na molimo, mpe tosengeli kosalela Liloba na Nzambe, yango ezali pole na molimo.

Molimo Mosantu oyo aya kati na motema na biso atikaka biso toyeba likolo na masumu, bosembo, mpe esambiseli. Asungaka biso tolongola masumu mpe bozangi na mibeko mpe tobika na bosembo. Apesaka biso nguya mpo ete tokoka kokanisa, koloba, mpe kosala kati na solo. Asungaka mpe biso et tobika bomoi kati na kondima na kozalaka na elikya mpe kondima mpona Bokonzi na Lola, mpo ete molimo na biso ekoka kokola malamu. Tika ngai napesa bino ndakisa mpona lisosoli malamu mingi.

Toloba ete ezalaki na muana oyo akolisamaki na libota na esengo. Mokolo moko akei na ngomba mpe atali mokili na ko nganga, "Yahoo" Nde bongo, moto moko azongiseli ye kaka lolenge angangaki "Yahoo" Nakokamwa muana atuni ete, "Yo ozalinani?" mpe mosusu alandisi malaba na ye. Muana azwa kanda mpo ete ye moto mosusu akomaki kobandela oyo elobaki ye, nde alobi ete, "Ozali komeka koluka etumba na ngai?" nde liloba moko ezongeli ye. Aye na bososoli ete moto azalaki kolanda ye mpe azwi kobanga.

Akiti nokinoki na ngomba mpe alobeli yango epai na mama na ye. Alobi ete, "Mama nabanzi ete ezali na moto mabe likolo na ngomba," Kasi mama na ye alobi na koseka malamu, « Nabanzi été muana mobali na ngomba azali muana malamu, akoki mkozala moninga na yo. Pona nini te ozonga lobi likolo na ngomba mpe osenga ye bolimbisi?" Tongo elandi muana mobali azongaki likolo na ngomba mpe angangaki na mongongo makasi, "Bolimbisi mpona lobi eleki ! pona nini te ozala moninga na ngai ?" Ezongiseli na lolenge moko ezongelaki ye.

Mama atikaki muana na ye elenge asosola nini yango ezalaki na ye moko. Nde Molimo Mosanti mpe Asungaka bison a mobembo na biso kati na kondima lokola mama malamu.

Kobota mbuma na Molimo

Tango nkona elonami, ekobanda kobima, ekokola, mpe ekobimisa fololo, mpe sima na kobimisa fololo, ekobimisa eloko, yango ezali mbuma. Lolenge moko, tango nkona na bomoi kati na biso oyo elonami na Nzambe ekobima na nzela na Molimo Mosantu, ekokola mpe ekobimisa ba mbuma na Molimo Mosantu. Kasi ezali moto nioso te oyo ayambi Molimo Mosantu nde akobota mbuma na Molimo Mosantu. Tokoki kobota ba mbuma na Molimo kaka soki tozali kolanda etambwiseli na Molimo Mosantu. Molimo Mosantu Akoki kopimama na groupe electrogene. Courant ekotambola na tango yango ezali kosala. Soki yango esimbi empoule mpe courant na yango ezali koleka, empoule ekongengisa mwinda, esika pole ezali, molili ekolongwa. Na lolenge moko, tango Molimo Mosantu Azali kosala kati na biso, molili kati na biso ekolongwa mpo ete pole eyei kati na motema na biso. Bongo, tokoka kobota ba mbuma na Molimo Mosantu.

Kasi bongo, ezali na eloko moko na motuya awa. Mpona empoule kongegisa pole, ko konecter yango na groupe ezali nioso te. Moto moko asengeli kopelisa groupe. Nzambe Apesa biso groupe electrogene ba bengi Molimo Mosantu, mpe ezali biso nde tosengeli kopelisa groupe electrogene oyo, Molimo Mosantu.

Mpona biso kotambwisa groupe na Molimo Mosantu, tosengeli kosenjelaka mpe kobondela makasi. Tosengeli mpe kotosa etambwiseli na Molimo Mosantu mpona kolanda solo. Na tango tolandi kotambwisama mpe kolela na Molimo Mosantu, tokoloba été tozali kolanda mokano na Molimo Mosantu. Tokotondisama na Molimo Mosantu na tango tolandi posa na

Molimo mosantu, mpe na kosalaka bongo, motema na biso ekobongolama kati na solo. Tokobota ba mbuma na Molimo Mosantu na lolenge totondisami na Molimo Mosantu.

Na tango tolongoli mabe na lolenge nioso kati na motema na biso mpe tokolisi motema na molimo na lisungi na Molimo Mosantu, ba mbuma na Molimo Mosantu mikobanda kotalisa ba lolenge na yango. Kaka lolenge moko kotela mpe monene na ba mbuma kati na etuluku na vigno ikesenaka, ba mbuma misusu na Molimo mikoki kotela na tango misusu naino miteli te. Moto akoki kobota ebele na ba mbuma na bolingo na tango mbuma na ye na komikanga motena naino eteli te. To mpe mbuma na ye na bosembo eteli na tango mbuma na boboto naino eteli te.

Ata bongo, na koleka na tango, moko na moko na ba mbuma mikoteli mpenza, mpe etuluku mobimba ekotondisama na ba mbuma minene, mitane lokola moindo. Lolenge moko, soki tokobota ba mbuma nioso na Molimo Mosantu na kokoka, elakisi ete tokomi baton a molimo ekoka, baoyo Nzambe Alinga mpenza kozwa. Baton a lolenge oyo bakobimisa solo malasi na Christu na makambo nioso na bomoi na bango. Bakoyoka malamu mingi mongongo na Molimo Mosantu mpe bakotalisa nguya na Molimo Mosantu mpona kopesa nkembo na Nzambe. Wuta bakokana mpenza na Nzambe, ekopesamela bango makoki na kokota na Yelusaleme na Sika, bisika wapi ngwende na Nzambe ezalaka.

Ba mposa na Molimo Mosantu mpe baposa na mosuni

Na tango tokomekaka kolanda baposa na Molimo Mosantu, ezali na lolenge mosusu na posa oyo itungisaka biso. Ezali posa na mosuni. Ba posa na mosuni malandaka bosolo te, yango ezali na kokesana na Liloba na Nzambe. Mikomemaka bison a kopona makambo lokola posa mabe na nzoto, baposa mabe na miso, mpe ezombo na bomoi. Mikomemaka mpe bison a kosumuka mpe na kosalaka makambo na pamba.

Kala te, moto moko ayaki epai na ngai ete nabondela mpo ete atika kotala makambo na bosoto. Alobaki ete, na tango abandaka kotalaka makambo yango ezalaka te mpona komisepelisa kasi kososola lolenge kani makambo yango masimbaka moto. Kasi sima na ye kotala yango mbala moko, ekomaki kozongela ye tango nioso mpe alingaki lisusu kotala mango. Kasi, kati na ye Molimo Mosantu Azalaki kopekisa ye, mpe ayokaka nkaka.

Na likambo oyo, motema na ye moningisamaki likolo na baposa mabe na miso, mingi makambo amonaki mpe ayokaka na nzela na miso mpe na matoyi ma ye. Soki topikoli baposa mabe na mosuni te kasi tokokobaka na kondimaka yango, kala te makambo malokuta makobakisama mbala mibale, misato, to minei kati na biso, mpe ekokoba na kobakisama.

Mpona tina oyo Bagalatia 5:16-18 elobi ete, "Nalobi ete, botambola na Molimo mpe bopesa mposa na nzoto nzela te. Pamba te mposa na nzoto ekobundanaka na mpona na Molimo mpe mposa na Molimo ekobundanaka na mposa nna nzoto ; nioso mibale ikotelemelamaka, kopekisa bino été bozanga kosala yango ekani bino. Nde soko bokambami na Molimo, bozali na nse na Mibeko te."

Na loboko moko, na tango tozali kolanda baposa na Molimo Mosantu, tozali na kimya kati na motema na biso mpe tokozala na esengo mpo ete Molimo Mosantu Azali kosepele. Na loboko mosusu, soki tokolanda baposa na nzoto, motema na biso ekozala na kimya te mpo ete Molimo Mosantu Azali komilela kati na biso.

Lisusu, tokobungisa kotondisama na Molimo, nde ekokoba na kozala pasi mpona kolanda baposa na Molimo Mosantu.

Polo Alobeli yango kati na Baloma 7:22-24 elobi ete, "Kati na motema na nagai moto, nasepeli na Mibbeko na Nzambe; kasi namoni mobeko mosusu kati na bilembo na nzoto na ngai. Mobeko yango monene ezali kobundana etumba na Mibeko milingi ngai na makanisi na ngai, ezali mpe kokanga ngai moumbu na mobeko na masumu mozali kati na bilembo na ngai. Ngai moto na mawa mingi! Nani akolongola ngai na nzoto oyo na kufa? Kolandana na lolenge nini tolandi baposa na Molimo Mosantu to oyo na mosuni, tokoki kokoma soko ban na Nzambe ba oyo babikisami to bana na molili ba oyo bakamati nzela na kufa.

Bagalatia 6:8 elobi ete, "Soko Okolona kati na nzoto, okobuka libebi kati na nzoto; nde ye oyo akolona kati na Molimo akobuka bomoi na seko kati na Molimo." Soki tokolanda ba posa mabe na nzot, tokosalaka kaka misala na mosuni, yango izali masumu mpe makambo na pambapamba, nde suka suka tokokotaka na Bokonzi na Lola te (Bagalatia 5:19-21)0.Kasi soko tokolanda posa na Molimo Mosantu, tokobota ba mbuma libwa na Molimo Mosantu (Bagalatia 5:22-23).

Tika tolembe te na kosalaka bolamu

Toboti ba mbuma na Molimo mpe tokomi bana na solo na Nzambe na lolenge oyo tokosalaka kati na kondima, na kolandaka Molimo Mosantu. Kasi kati na motema na moto, ezali na motema na solo mpe motema na bosolo te. Motema na solo ememaka biso na kolanda posa na Molimo Mosantu mpe tobika kati na Liloba na Nzambe. Motema na solo te ememaka biso tolanda ba posa mabe na mosuni mpe tobika kati na molili.

Ndakisa, kobatela mokolo na Nkolo bulee ezali moko na Mibeko Zomi oyo bana na Nzambe basengeli kobikela. Kasi mondimi oyo azali kotambwisa ndako na bombongo mpe azali na kondima makasi te akoki kozala na etumba kati na motema na ye na kokanisaka ete akoki kobungisa profit na ye na tango akangi bombongo na ye mokolo na eyenga. Awa posa na mosuni ekomema ye na kokanisa ete: Bongo ndenge nini mpona oyo etali kokanga ndako na bombongo ba poso misusu? Bongo, boni boni soki nakoti mayangani na tongo mpe mwasi na ngai akoti na pokwa mpo ete tokoka kolandela bombongo?

Molimo Mosantu Asungaka bolembu na biso mpe Akobondelaka mpona bison a kolelaka makasi mpona malona (Baloma 8:26). Tango tozali kosalela solo na kolandaka lisungi oyo na Molimo Mosantu, tokozala na kimya kati na motema na biso, mpe kondima na biso ekokola mokolo na mokolo.

Liloba na Nzambe eye ekomami kati na Biblia ezali solo oyo embogwanaka te; Ezali bolamu yango penza. Epesaka bomoi na seko epai na bana na Nzambe, mpe ezai pole oyo ezali kotambwisa bango mpona kosepela esengo na seko mpe sai. Bana na Nzambe ba oyo batambwisami na Molimo Mosantu basengeli kobaka mosuni elongo na baposa na bango mabe. Basengeli mpe kolanda posa na Molimo Mosantu kolandana na Liloba na Nzambe mpe kobungisa elikya te na kosalaka malamu.

Matai 12:35 elobi ete, "Moto malamu akobimisaka makambo malamu wuta na ebombelo malamu na ye mpe moto mabe akobimisaka makambo mabe uta na ebombelo na ye mabe." Na bongo, tosengeli koongola mabe kati na mitema na biso mabe na kobondelaka makasi mpe na kokobaka kobomba misala malamu.

Mpe Bagalatia 5:13-15 elobi ete, "Pamba te bobiangami ete bozala bansomi, bandeko. Kasi tika te ete bonsomi na bino epesa nzela na mposa na nzoto, nde bosalelana lokola baombo na bolingo. Mpo été Mibeko mobimba ikokisami na Liloba moko ete, 'olinga mozalani nay o lokola yo moko. Nde soko bokoswanaka mpe bokolianaka, bokeba été bobebisana te." Mpe Bagalatia 6:1-2 etangi ete, "Bandeko soko moto azwami na likambo, bino baton a Molimo, bobwitisa ye na molimo na bopolo. Omitalela yo moko ete yo omekama te! Bokumbwanaka mikumba na mawa, boye bokokisa Mobeko na Klisto."

Tango tozali kolanda Maloba na Nzambe na lolenge oyo, tokoki kobota ebele na mbuma na Molimo mpe tokoma baton a molimo mpe na Molimo ekoka. Bongo, tokozwa eloko nioso eye tozali kosenga kati na libondeli na biso mpe tokota kati na Yelusaleme na sika kati na bokonzi na seko na Lola.

1 Yoane 4:7-8

"Balingami, tolingana, moto moninga na ye, mpo ete bolingo euti na Nzambe, mpe moto na moto oyo akolingaka asili kobotama na Nzambe mpe akoyebaka Nzambe. Nde ye oyo akolingaka te ayebi Nzambe te, mpo ete Nzambe Azali bolingo."

Chapitre 2

Love

Etape etombwami likolo koleka kati na bolingo na molimo
Bolingo na mosuni embongwanaka na koleka na tango
Bolingo na molimo ezali kokaba bomoi nay o moko
Bolingo na solo epai na Nzambe
Mpona kobota mbuma na bolingo

Bolingo

Bolingo ezali na nguya makasi koleka oyo bato bakoki kokanisa. Na nguya na bolingo, tokoki kobikisa ba oyo babwakisami na Nzambe mpe bazali kokende na nzela na kufa. Bolingo ekoki kopesa bango makasi na sika mpe koyika mpiko. Soki tokobomba mmabunga na bato misusu na nguya na bolingo, mbongwana na nkamwa mikosalema mpe mapamboli minene mikopesama, mpo ete Nzambe Asalaka kati na bolamu, bolingo, solo mpe bosembo.

Eqipe na recherché na sociologie esalaki recherche likolo na batangi 200, ba oyo bazalaki na bobola penepene na engomba na Baltimore. Recherche etalisali été batangi wana bazalaki na chance mpe elikya moke na kokoma bato. Kasi balandelaki bango kati na recherche sima na b ambula 25, mpe recherche ezalaki na nkamwa. 176 kati na bango 200 bakomaki bato na bozwi lokola ba avocats, minganga, basali na Nzambe, to mpe bato na bombongo. Solo bato na recherche batunaki bango motuna na lolenge nini bakokaki kolonga kati na esika oyo elongobanaki te, nde bango nioso batangaki kombo na motangisi moko. Motangisi oyo atunamaki motuna na koyeba lolenge nini akokaki kobimisa mbongwana oyo nde ayanolaki été : Nalingaki bango kaka, nde bango mpe bayebaki yango."

Sasaipi, nini bolingo ezali yango mbuma na liboso na ba mbuma libwa na Molimo Mosantu?

Etape eleki likolo kati na bolingo na molimo

Bolingo ekoki kokabolama kati na biteni mibale, bolingo na molimo mpe bolingo na mosuni. Bolingo na mosuni elukaka lifuti na moto ye moko. Ezali bolingo na pamba iye ekobongwanaka sima na koleka na tango. Kasi bolingo na molimo, elukaka lifuti na bato misusu mpe embongwanaka te ata na likambo na lolenge nini. 1Bakolinti elimboli malamu likolo na bolingo na molimo.

"Bolingo ezali na motema petee, bolingo ezali na boboto, ezali na zua te;; bolingo ezali na lolendo te, ekomitombolaka te' ekosalaka na nsoni te, ekolukaka malamu na yango mpenza te, ezali na nkanda te, ekobombaka mabe na motema te. Ekosepela mpona masumu te nde ekosepelaka makambo na solo. Ekomemaka makambo nioso, ekondimaka nioso, ekolikyaka nioso, ekoyikaka nioso mpiko. (Vv, 4-7).

Bokeseni wapi kati na ba mbuma na bolingo kati na Bagalatia 5 mpe bolingo na molimo kati na 1 Bakolinti 1o na 1 Bakolinti 13? Bolingo lokola ba mbuma na Molimo Mosantu esangisi bolingo na komikaba mbeka, na oyo moto akoki kopesa bomoi na ye moko, Ezali bolingo oyo etombwami likolo na na 1 Bakolinti 13. Ezali etape likolo koleka kati na bolingo na molimo.

Soki toboti mbuma na bolingo mpe tokoki kokaba bomoi na biso mbeka mpona basusu, nde tokoka kolinga eloko nioso mpe moto nioso. Nzambe Alinga biso na eloko nioso mpe Nkolo Alinga bison a bomoi na Ye nioso. Soki tozali na bolingo oyo kati na biso, tokoka komikaba mbeka mpona Nzambe, Bokonzi na Ye, mpe bosembo na Ye. Lisusu, mpo ete tolngi Nzambe tokoka mpe kozala na bolingo etombwami likolo koleka mpona kokaba bomoi na biso mbeka kaka mpona bandeko te kasi mpe lisusu ata mpona bayini bakoyinaka biso.

1 Yoane 4:20-21 elobi ete, "Soko moto nani, alobi ete 'nalingi

Nzambe' kasi azali koyina ndeko na ye, ye wana moto na lokuta. Mpo ete ye oyo akolingaka ndeko na ye te, awa esili ye komona ye, akolonga kolinga Nzambe te, oyo amoni naino Ye te. Tozwi mpe lilako oyo epai na Ye ete, ye oyo akolingaka Nzambe Alinga mpe ndeko na ye lokola." Na bongo, soki tolingi Nzambe Tokolinga mpe moto nioso. Soki tokolobaka ete tolingi Nzambe tango toyini moto, yango ezali lokuta.

Bolingo na mosuni ebongwanaka sima na tango

Tango Nzambe Akelaka moto wa yambo Adamu, Nzambe Alingaka ye na bolingo na molimo. Asalaki elanga kitoko epai na moi kobima, kati na Edeni mpe atikaka ye abika kuna na kozanga eloko moko te. Nzambe Atambolaka na Ye. Nzambe Apesaka ye kaka Elanga na Edeni te, oyo ezalaki bisika malamu mingi mpona kobika, kasi mpe lisusu mpifo mpe bokonzi likolo na eloko nioso na mokili oyo mpe lokola.

Nzambe Apesaki na Adamu bolingi na molimo eleka. Kasi Adamu akokaki solo mpenza te koyoka bolingo na nzambe. Adamu Atikala kokutana na koyina to mpe bolingo na mosuni oyo embongwanaka te, nde atikalaka kososola boni motuya bolingo na Nzambe ezalaki. Sima na bolleki na tango molayi mpenza, Adamu Amekamaka na nzela na nyoka mpe atosaki te Liloba na Nzambe. Aliaka mbuma eye Nzambe Apekisaka kolia (Genese 2:17; 3:1-6).

Lokola lifuti, lisumu ekotaki kati na motema na Adamu, mpe akomaka moto na mosuni oyo akokaki lisusu te kosolola na Nzambe. Nzambe mpe Akokaki lisusu te kotika ye abika kati na Elanga na Edeni, mpe abimisamaka na mokili oyo. Na tango bazalaki koleka kati na bokoli na mokili oyo (Genese 3:23), bato nioso, bakitani na Adamu, bayaki kokutana mpe koyeba bokeseni na kokutana na makombo ekeseni na bolingo oyo eyebanaka kati na Edeni, lokola, koyina, likunia, pasi, mawa, bokono mpe kozoka pota. Na tango moko kobobaki na kokende mosika na bolingo na molimo. Lolenge mitema na bango ebebisamaki na mosuni likolo na masumu bolingo na bango mikomaki bolingo na mosuni.

Tango molayi mingi eleka wuta bokweyi na Adamu, mpe lelo, ezali kutu pasi koleka mpona kokutana na bolingo na molimo kati na mokili oyo. Bato batalisaka bolingo na bango na ba lolenge ekeseni, kasi bolingo na bango ezali kaka bolingo na mosuni iye imbongwanaka na koleka na tango. Na koleka na tango mpe na kombongwana na makambo, bakobongola makanisi naabango mpe ba ko trahir balingami na bango na kolandaka lifuti na bango moko. Bango mpe bakopesaka soki bato misusu ba bandi na kokabela bango to soki kokabela wana ezali mpona lifuti na bango. Soki bolingi kozwa ebele na lolenge bokabelaki basusu, to soki bokolembaka soki basusu bakokabela bino te, na oyo elingi bino, yango mpe ekozala bolingo na mosuni.

Na tango mobali mpe mwasi bakomi kolingana, bakoki koloba ete 'bakolingana mpona libela' ete bakoka te kobika soko mosusu azali te'. Kasi, ebele na bango bakobongolaka makanisi sima na bango kobalana. Na koleka na tango, bakobanda komona eloko oyo balingaka te epai na mobalani na bango. Na kala, makambo nioso mamonaki malamu mpe bamekaki kosepelisa oyo mosusu na makambo nioso, kasi bakoki lisusu te kosala yango. Bakosilika to komeka kopesa pasi epai na mosusu. Bakoki kosilika soki mobalani na bango akosala oyo elingi bango te. Kaka na ba mbula zomi eleki kokabolana ezalaki eloko na rare makasi, kasi sik'awa kokabwana ekomi eloko na momesano mpe kala te sima na yango ba mingi bakobala moto mosusu. Kasi ata bongo bakokoba na koloba ete balingi solo oyo mosusu. Yango ezali lolenge na bolingo na mosuni.

Bolingo kati na baboti mpe bana ekeseni mpenza te. Ya solo, baboti misusu bakopesa ata bomoi na bango mpona bana na bango, kasi ata ata soki basali yango, ezali bolingo na molimo te soki bakopesa yango kaka epai na bana na bango moko. Soki tozali na bolingo na molimo, tokopesa bolingo oyo kaka na bana na biso moko te, kasi ata na moto nioso. Kasi na lolenge mokili ekobi na kokoma mabe, ekomi pasi na komona baboti oto bakoki kokaba bomoi na bango mbeka mpona bana na bango. Baboti mingi na bana na bango bakoyinana likolo na lifuti na misolo to mpona bokeseni kati na makanisi na bango.

Boni boni mpona bolingo kati na bandeko mpe baninga? Bandeko mingi bakokoma lokola bayini soki makambo na misolo ekoteli bango. Makambo na lolenge moko makosalema kati na baninga. Bakolingana na tango makambo mazali malamu to soki bayokani mpona likambo moko. Kasi bolingo na bango ekoki kombongwana na tango nioso soki makambo makeseni. Lisusu, mpona makambo ebele, bato balukaka epesamela bango na lolenge bango bapesaki. Tango bayoki malamu bakoki kopesa na kooluka eloko moko te ezongisamela bango. Kasi lokola posa ekokita, bakoyoka mabe na ndenge bapesaki kkasi bazongiseli bango lolenge balingaki te. Elakisi ete bango solo baligaki eloko ezongela bango. Bolingo na lolenge oyo ezali bolingo na mosuni.

Bolingo na molimo epesaka mbeka bomoi na ye moko

Eningisaka bato soki moto apesi bomoi na ye moko mbeka mpona moto oyo alingaka. Kasi, soki toyebi ete tosengeli kokaba bomoi na biso mpona moto mosusu ekokoma pasi mpona kolinga moto yango. Na lolenge oyo bolingo na bato esuka. Ezalaki na Mokonzi oyo azalaki na muana mobali wa bolingo. Kati na Bokonzi na Ye ezalaki na mobomi akenda sango oyo bakatelaki mpona kufa. Nzela se moko mpona mobomi wana abika ezalaki mpona moyengebene akufela ye. Awa, bongo Mokonzi oyo akoka kopesa muana na Ye oyo asalaki eloko te mpona kokufela mobomi? Likambo na lolenge oyo etikala kosalema te wuta bato bazala. Kasi Nzambe Mokeli, oyo Akoki te kopimama na Mokonzi moko na mokili oyo, Apesa Mwana na Ye se moko na likinda mpona biso. Alinga biso mingi na lolenge wana (Baloma 5:8).

Likolo na lisumu na Adamu, bato nioso basengelaki kokende nzela na kufa mpona kofuta lifuti na kufa. Mpona kobikisa bato mpe komema bango na Lola, likambo na bango na masumu esengelaki kosilisama. Mpona kosilisa likambo yango na masumu oyo etelemaki kati na moto na Nzambe, Nzambe Atinda Muana na Ye se moko Yesu mpona kofuta niongo na masumu na bango.

Bagalatia 3:13 elobi ete, "Alakelama mabe oyo babaki na ekulusu na nzete." Yesu Abakamaka na ekuusu na libaya mpona kosikola bison a elakeli mabe na mobeko oyo elobi ete, "LIfuti na lisumu ezali kufa" (Baloma 6:23). Lisusu ezali na bolimbisi te soki kotanga na makila mazali te (Baebele 9:22). Atangisa mai mpe makila na Ye nioso. Yesu Azwaka etumbu na esika na biso, mpe moto nani nani andimeli Ye akoki kolimbisama na masumu na ye nioso mpe azwa bomoi na seko.

Nzambe Ayebaki ete basumuki bakonyokola mpe bakotiola, mpe sukasuka bakobaka Yesu na ekulusu, ye oyo Mwana na Nzambe. Kasi mpona kosikola bato basumuki ba oyo basengelamaka na kufa na seko, Nzambe Atinda Yesu na mokili oyo.

1 Yoane 4:9-11 elobi ete, "Bolingo na Nzambe emonaneli biso ete Nzambe Atindaki Mwana na YE se moko na likinda kati na mokili na tina ete tobika na bomoi mpona Ye. Bolingo ezali boye te ete biso tolingaaki Nzambe, kasi ezali boye ete Ye Alingaki biso mpe Atindaki Mwana na Ye lokola mbondi mpona masumu na biso."

Nzambe atalisaki bolingo na Ye epai na bison a kopesaka Mwana na Ye se moko na likinda Yesu mpona kobakama na ekulusu. Yesu Atalisa bolingo na Ye na komikaba mbeka na ekulusu mpona kosikola baton a masumu na bango. Bolingo oyo na Nzambe, oyo etalisama na kopesa Mwana na Ye, ezali bolingi na seko eye embongwanaka te oyo epesaki mpona bato nioso bomoi na ye moko ata tin a litanga na makila na suka.

Bolingo na solo mpona Nzambe

Bongo tokoki mpe kozala na bolingo na lolenge oyo? 1 Yoane 4:7-8 elobi ete, "Balingami, tolingana moto moninga na ye, mpo ete bolingo euti na Nzambe mpe moto na moto oyo akolingaka asili kobotama na Nzambe mpe asili koyeba Nzambe. Ye oyo akolingaka te ayebi Nzambe te, mpo ete Nzambe Azali Bolingo.

Soki toyebi kaka kati na bongo te, kasi nse na mitema na biso esosoli bolingo oyo Nzambe apesa biso, tokolinga Nzambe na bosolo. Kasi na bomoi na bisoo na BaKristu, tokoki kokutana na mimekano oyo ezali pasi na kondima, to mpe tokoki kokutana na likambo wapi tokoki kobungisa biloko na biso nioso mpe makambo na motuya epai na biso. Ata na makambo mana mitema na biso mikoningana te soki tozali na bolingo na solo kati na biso.

Moke nalingaka kobungisa bana na nga misato na basi. Ba mbula 30 eleki na Coree, mingi na bato bazalaka kosalela mabanga na mabaya mpona kotia molunge na ndako. Kasi dioxide na carbone kati na Makala emesanaka komema makama. Ezalaki kaka sima na kofungola lingomba mpe esika na ngai kobika ezalaki nan se na ndako na egelesia. Bana na ngai misato na basi, elongo na elenge mobali, bazwaki poison na gas na monoxide na carbone kati na bango. Bapemaki gaz wana butu mobimba, nde emonanaki lokola elikya na lobiko ezalaki te. Na komonaka bana na ngai na basi koyeba lisusu eloko te, nayokaka kobanga to maw ate. Nazalaki kaka kopesa matondi na kokanisaka ete bakokende kobika na kimya kati na Bokonzi na Lola esika mpinzoli ezalaka te, mawa, to pasi. Kasi mpo ete elenge mobali azalaki kaka mondimi kati na egelesia, nasengaki na Nzambe Asekwisa elenge wana mpo ete ememela Nzambe soni te. Nasembolaki maboko na ngai epai na elenge mobali mpe na bondelaki. Nde sima, nabondelaki mpona muana na ngai ya misato ya mwasi. Na tango nazalaki kobondela mpona ye, elenge mobali azongelaki bomoi. Na tango nazalaki kobondela mpona muana mwasi na misato, oyo ya misato alamukaki. Kala te na sima, oyo ya mibale na oyo ya liboso bazongelaki bomoi. Banyokwamaki soko te na pasi moko sima na likama wana, mpe kino lelo bazali na nzoto kolongono. Bango misato bazali basali na Nzambe kati na egelesia.

Soki tokolinga Nzambe, bolingo na biso ekotikala

kombongwana ten a likambo soko nini. Tosi toyambi bolingo na Ye na bokabi mbeka na mwana na Ye se moko na likinda, nde bongo tozali na tina moko ten a koyoka kanda mpona Ye to kobeta tembe mpona bolingo na Ye. Tokoki kaka kolinga Ye na kobongola te. Tokoka kaka kotia elikya nioso na bolingo na Ye mpe tozala molende epai na Ye na bomoi na biso nioso.

Ezaleli oyo ekotikala na kombongwana ten a tango tozali kokamba milema misusu mpe lokola. 1 Yoane 3:16 elobi ete, "Tosili koyeba bolingo na mpo oyo ete Ye wana Asopaki bomoi na Ye mpo na biso; Ekoki mpe mpo na biso ete tosopa bomoi na biso mpo na bandeko." Soki tokolisi bolingo na solo mpona Nzambe, tokolinga bandeko na bison a bolingo na solo. Elakisi été tokozala na posa moko te na koluka lifuti na biso moko, nde tokopesa nioso tozali na yango, nde tokozela eloko moko ezongela biso. Tokomikaba mbeka na baposa malamu mpe tokopesa biloko na biso nioso mpona basusu.

Nakutana na mimekano ebele na lolenge nazalaka kotambola kati na nzela na kondima kino lelo. Namona trahison epai na ba oyo napesa biloko na ngai mingi, to epai na ba oyo nazwaka lokola libota na ngai moko. Tango mosusu bato basosolaka ngai mabe mpe batalisaki ngai misapi.

Ata bongo, nasalela bango kaka na bolamu. Natikaka makambo nioso na mabooko na Nzambe mpe nabondelaki ete Alimbisa baton a lolenge oyo na bolingo mpe mawa na Ye. Natikala ata koyina bato oyo bamemela lingomba pasi monene mpe balongwaki te. Nalukaka kaka ete bango batubela mpe bazonga. Tango bato wana basalaki mabe mingi, ememaka mimekano makasi mingi epai na ngai. Ata bongo, nasalelaka bango kaka na bolamu mpo ete nandimaka ete Nzambe Alingaki ngai, mpe mpo ete nalingaki bango na bolingo na Nzambe.

Mpona kobota mbuma na bolingo

Tokoki solo kobimisa ba mbuma na bolingo na lolenge tozali kobulisa motema na biso na kolongolaka masumu, mabe, mpe makambo na pamba kati na motema na biso. Bolingo na solo ekotalisama wuta motema oyo ezangi mabe. Soki tozali na bolingo na solo, tokoka kopesa kimya epai na basusu mpe tokotikalaka te komema too kopesa mikumba epai na basusu. Tokososola mpe motema na basusu mpe tokosalela bango. Tokokoka kopesa bango esengo mpe tokosunga bango mpo ete bafulukisa molema na bango mpo ete Bokonzi na Nzambe eya monene.

Kati na Biblia, tokoki komona bolingo na lolenge nini ba Tata na kondima bakolisaki. Mose alingaka baton a ye, Yisalele, mingi mpenza ete alingaka kobikisa bango ata soki elakisaki ete kombo na ye ekolongolama kati na buku na bomoi (Esode 32:32).

Ntoma Polo mpe alingaka Nkolo na motema oyo embongwanaka te wuta mokolo oyo akutanaka na Ye. Akomaka ntoma na bapaya, mpe abikisaki milimo ebele mpe abimisaki ba egelesia ebele kati na mibembo na ye misato na mosala na Nzambe. Ata soki mibembo na ye mizalaki pasi mpe na makama ebele, ateyaka Yesu Christu kino tango abomamaki na Roma.

Ezalaki tango nioso na mitungisi mpe na minyokoli kowuta na ba Yuda. Abetanaki mpe atiamaki kati na boloko. Atiolaki kati na mai monana butu moko mpe tongo moko sima na masuwa kotiola. Ata bongo, atikala komilela te mpona nzela ekamataki ye. Esika na komitala ye moko azalaki na mitungisi mpona mangomba mpe bandimi ata na tango azalaki koleka na nzela na minyoko mingi.

Atalisaki makanisi na ye kati na 2 Bakolinti 11:28-29, oyo elobi ete, "Mpe mpembeni na makambo oyo nioso, mokolo na mokolo bozito na mikakatano na mangomba, ekamoli ngai. Nani azali na kolemba mpe ngai nazwi bolembu te?"

Awa, Ntoma Polo abikisaki ata bomoi na ye moko te mpo ete azalaki na bolingo kopela moto mpona milimo. Bolingo na ye monene etalisami kati na Baloma 9:3. Yango elobi ete, "Nalingaki ete nalakelama mabe mpe natangwa longwana Kristu mpona bandeko na ngai, ba oyo bazali libota moko na ngai na nzoto." 'Bandeko na ngai' elakisi te bandeko na libota. Elakisi Bayuda nioso at aba oyo bazalaki konyokola ye.

Akolinga kutu kokende Lifelo na esika na bango, kaka soki ekokaki kobikisa bango. Oyo ezali lolenge na bolingo azalaki na yango. Lisusu, lokola ekomama na Yoane 15:13, "Moto te azali na bolingo eleki oyo ete moto asopa bomoi na ye mpona baninga na ye," Ntoma Polo atalisaki bolingo na ye etombwama likolo koleka na kokoma mobomami.

Some people say they love the Lord but they do not love their brothers in faith. These brothers are not even their enemies nor are they asking for one's life. But they have conflicts with and harbor uncomfortable feelings against each other over trivial matters. Even while doing the work of God, they have hard feelings when their opinions are different. Some people are insensitive about other people whose spirits are withering and dying. Then, can we say such people love God? Bato misusu bakolobaka ete balingaka Nkolo kasi balingaka bandeko na bango kati na kondima te. Bandeko wana bazali ata bayini na bango te to mpe bazali ata kosenga bomoi na bango te. Kasi bazali na kowelawela kati na bango mpe bakoyokelana kanda likolo na makambo na pamba pamba. Ata na tango na kosalaka mosala na Nzambe, bazali na koyoka mabe na tango likanisi na bango ekeseni na oyo na basusu. Bato misusu bakoyoka eloko tea ta na tango molimo na bato misusu ezali kokauka mpe kokufa.

Mbala moko natatola liboo na lingomba mobimba ete: Soki nakoka kobikisa monkoto moko na bato, nakolinga kokende lifelo na esika na bango." Ya solo nayebi malamu mingi esika na lolenge nini lifelo ezali. Nakosala eloko moko te oyo ekomema ngai na lifelo. Kasi soki nakoki kobikisa milimo wana bazali kokweya kati na lifelo, nakoliga kokende kuna na esika na bango.

Monkoto moko wana ekokaki mpe kosangisa ata balingami na egelesia na biso. Ekokaki kozala bakambi na egelesia to mpe bandimi oyo baponi solo te kasi bazali kokenda na nzela na kufa ata sima na bango koyoka Liloba na solo mpe komona misala na nguya na Nzambe. Lisusu, bakokaki ba oyo bazalaki kotungisa lingomba na biso likolo na bozangi bososoli mpe zua na bango. To mpe bakokaki kozala milimo oyo kati na bobola na Africa ba oyo bakufi nzala likolo na bitumba (geurre civil), nzala, mpe bobola. Kaka lolenge Yesu Akufelaki ngai, nakoki kopesa bomoi na ngai mpona bango mpe lokola. Ezali te mpo ete nalingi bango lokola eteni na mosala na ngai, kaka mpo ete Liloba na Nzambe elobi ete tosengeli kolinga. Napesaka bomoi mpe makasi na ngai mokolo na mokolo mpona kobikisa bango, mpo ete nalingaka bango koleka bomoi na ngai mpe kaka na maloba te. Napesaka bomoi na ngai nioso mpo ete nayebi ete ezali mposa eleki likolo na Tata Nzambe oyo Ainga ngai.

Motema na ngai etondi na makanisi lokola ete, 'Lolenge kani nakoki koteya sango malamu na bisika ebele?' 'Lolenge nini nakoki kotalisa misala makasi mileki na nguya mpo ete bato mingi bakoka kondima?' Lolenge kani nakoka kososolisa bang obo mpamba na mokili oyo mpe nakamba bango mpona kozwa bokonzi na Lola? Tika tomitala biso moko mpe boni mingi na bolingo na Nzambe ekomama kati na biso. Ezali bolingo na wapi Apesa bomoi na Mwana na Ye se moko na likinda. Soki totondisami na bolingo na Ye, tokolinga Nzambe mpe milimo na mitema na bison iso. Yango ezali bolingo na solo. Mpe, soki tokolisi mpenza bolingo oyo, tokokoka koingela na Yelusaleme na Sika, yango ezali mangaliti na bolingo. Nakolikya ete bino nioso bokokabola bolingo na seko elongo na Tata Nzambe mpe Nkolo kuna.

Bafilipi 4:4

"Bosepelaka tango nioso kati na Nkolo; lisusu nalobi boepelaka!"

Mibeko kotelemela makambo yango izali te

Chapitre 3

Esengo

Mbuma na esengo
Tina na kolimwa na esengo na bolingo na yambo
Tango esengo na molimo ebotami
Soki olingi kobota mbuma na esengo
Komilela ata sima na kobota mbuma na esengo
Bozala positif mpe bolanda bolamu na makambo nioso

Esengo

Koseka elongolaka stress, kanda, mpe tension bongo yango esungaka mpona ba arret cardiaque mpe kufa na mbalakata esalema te. Ematisaka mpe imunite na nzoto, nde ezali na effet malamu mpona kopekisa ba infection lokola grippe to ata bokono lokola cancer mpe bokono eyaka na lolenge na kobika. Koseka solo ezalaka na effet malamu na nzoto na biso, Nzambe mpe Asengi na biso tosepelaka tango nioso. Basusu bakoki koloba ete. "Lolenge kani nakoki kosepela na tango eloko na kosepela ezali te?" Kasi, moto na kondima akoki tango nioso kosepela kati na Nkolo pamba te bandimi ete Nzambe Akosunga bango kati na mikakatano, mpe sukasuka bakomemama na Bokonzi na Lola esika esengo na seko ezali.

Mbuma na esengo

Esengo ezali "makasi mpe komatisama eleki kati na kosepela." Esengo na molimo, ezali te kaka kosepela makasi mpenza. Ata ba oyo bandimela te basepelaka tango makambo mazali malamu, kasi yango ezali kaka mpona tango moko. Esengo oyo elimwaka na tango makambo makomi pasi. Kasi soki tokobota ba mbuma na bolingo kati na mitema tokokoka kosepela mpe kozala na lolendo kati na likambo nioso.

1 Batesaloniki 5:16-18 elobi ete, "Bosepelaka tango nioso, bobondelaka na kotika te; Botondaka kati na makambo nioso mpo ete oyo ezali mokano na Nzambe mpona bino kati na Kristu Yesu." Esengo na molimo ezali kosepela tango nioso mpe kopesa matondi na makambo nioso. Esengo ezali eloko na emonani koleka mpe na polele, mpona lolenge oyo tokoki kopima mpe kotala bomoi nini kati na Kristu tozali kobika.

Bandimi misusu batambolaka nzela na Nkolo na esengo mpe kosepela na tango nioso na tango mpe basusu bazalaka mpenza na esengo te mpe na matondi te kowuta kati na mitema na bango, Ata soki bakoki komeka makasi kati na kondima na bango. Bayaka na mayangani, bakobondelaka, mpe bakokisaka mosala na bango kati na egelesia, kasi bakosalaka mosala wana nioso na lolenge oyo esengamelaki bango kaka. Mpe soki bakutani na likambo, bakobungisa moke na kimya bazalaki na yango, mpe motema na bango ekoningisama na kanda.

Soki ezali na likambo oyo bokoki kosilisa na makasi na bino moko te, yango ezali tango oyo bokoki kotala soki bozali mpenza kosepela na nse na motema na bino. Na likambo na lolenge oyo, mpona nini te bomitala na talatala? Ekoki mpe kokoma epimeli mpona kotala na lolenge nini boboti mbuma na esengo. Lokola momesana, kaka lolenge ngolu na Yesu ebikisa biso na nzela na makila ma Ye ezali likambo oyo tokoki kosepela na yango na tango nioso. Tosengelaki kokweya kati na moto na seko na lifelo, kasi na nzela na makila ma Yesu Christu epesamelaki biso nzela na kokende kati na bokonzi na Lola oyo etondisama na esengo mpe kimya. Eloko oyo kaka ekoki kopesa biso kosepela oyo eleki maloba.

Sima na kobima, tango bana na Yisalele bakatisaki Mai monana Motane na mabele ekawuka mpe basikolamaki nan a mapinga na Ejipito oyo ezalaki kolanda bango, boni esengo na bango ezalaki monene? Kotonda na kosepela basi babinaki na ndundu mpe bato nioso bakumisaki Nzambe (Esode 15:19-20).

Lolenge moko, tango moto andimeli Nkolo, azalaka na esengo ezanga ndelo mpo ete abikisami, mpe akoki tango nioso koyemba na masanjoli na bibebo ata soki alembic sima na mokolo na mosala makasi. Aya soki anyokolami mpona nkombo na Nkolo to anyokwami na tin ate, akozala kaka na esengo na kokanisaka likolo na bokonzi na likolo. Soki esengo oyo ekobi na kobatelama, na kala akobota mbuma na esengo ekomela.

Tina oyo esengo na bolingo na ebandeli elimwaka

Bongo, na bosolo, bazali mingi te ba oyo babatelaka bolingo na ebandeli. Tango mosusu sima na bango kondimela Nkolo, esengo ekolimwa mpe emotion na bango mpona oyo etali ngolu na lobiko ekozala lisusu lolenge moko te. Na kala bazalaki kaka na esengo ata kati na mikakatano na kokanisaka likolo na Nkolo, kasi na sima bakobanda komilela mpe koyimayima tango makambo mamonani pasi. Ezali kaka lolenge na bana na Yisalele ba oyo babosanaki nokinoki esengo bazalaki na yango sima na bango kokatisa Mai Monana mpe bayimaki epai na Nzambe mpe batelemelaki Mose mpona pasi moke.

Mpona nini bato bambongwanaka lolenge oyo? Ezali mpo ete bazali na mosuni kati na mitema na bango. Mosuni awa ezali na limbola na molimo. Etalisi lolenge to bizaleli oyo ekeseni na molimo. 'Molimo' ezali eloko oyo ezali na Nzambe Mokeli, oyo ezali kitoko mpe embongwanaka soko te, ta tango 'mosuni' ezali lolenge na biloko oyo epamelama na Nzambe. Mizali makambo oyo makokufaka, mabebisama, mpe makolimwaka. Bongo, masumu na lolenge nioso lokola bosoto, bozangi sembo, mpe lokuta mizali mosuni. Ba oyo bazali na bizaleli oyo na mosuni bakobungisa esengo na bango oyo etondaka kati na mitema na bango. Lisusu,mpo ete bazali na mbongwana na bizaleli, moyini zabolo mpe Satana akomeka komema makambo oyo ekotalisa lolenge wana na kombongwana tango nioso.

Ntoma Polo abetamaki mpe abwakamaka kati na boloko na tango na koteya Sango Malamu. Kasi na lolenge azalakakobondela mpe kosanjola Nzambe na komitungisa na eloko moko te, koningana makasi na mabele esalemaki mpe bikuke na boloko mafungwamaki. Lisusu, na nzela na likambo oyo, ateyaki mingi na ba oyo bandimela te. Abungisaka esengo na ye kati na minyoko te, mpe apesaka toli na bandimi ete "Bosepelaka tango nioso kati na Nkolo. Nazali koloba lisusu ete,Bosepelaka! Tika ete boboto na bino boyebana na bato nioso. Nkolo Azali kobelema. Bomitungisa mpona likambo moko tende kati na makambo nioso tika ete bisengeli na bino biyebana epai na Nzambe na mabondeli mpe na malombo mpe na matondi." (Bafilipi 4:4-6).

Soki bozalaki kati na kokoso makasi lokola bozalaki kodiembela na libanga likolo na ngomba, pona nini te kopesa libondeli na matondi loolenge Ntoma Polo? Nzambe Akosepela na ezaleli na bino kati na kondima mpe Akosala mpona bolamu kati na nioso.

Tango esengo na molimo ebotami

Dawidi abundaki kati na mabele na etumba mpona ekolo na ye wuta tango na bolenge na ye. Amemaka misala na motuya mingi kati na bitumba ebele. Tango mokonzi Saulo azalaka konyokwama na milimo mingi na mabe, abetaka lindanda mpe apesaki kimya na mokonzi. Atikala kobuka motindo moko te na mokonzi na ye. Ata bongo, mokonzi saulo azalaka na matondi te mpona mosala na Dawidi, kasi solo ayinaka Dawidi mpo ete azalaki na likunia mpona ye. Mpo ete Dawidi alingamaki na bato, Saulo azalaka kobanga ete ebonga na ye ekokamatama, mpe alandaka dawidi na mapinga na ye mpona koboma ye.

Kati na situation na lolenge wana, solo Dawidi asengelaki kokima Saulo. Mbala moko, pona kobikisa bomoi na ye na mboka mopaya, asengelaki komitalisa lokola moto liboma, lolenge nini bokoyoka soki botiaka na esika na ye? Dawidi atikalamkoyoka maw ate kasi asepelaki kaka. Atatolaka kondima na ye epai na Nzambe na nzembo kitoko.

"Yawe Azali Mobateli na ngai, nakozanga eloko te. Azali kopemisa ngai kati na matiti mobesu, Azali kokendisa ngai epai na mai na kimya. Azali kobikisa molimo na ngai;
Azali kotambolisa ngai na nzela na boyengebene
Na ntinna na nkombo na Ye.
Ata natamboli na libulu na molili na kufa,
Nakobanga mabe te ;
Pamba te Yo Ozali na ngai elongo,
Mpango na yo mpe nzete na Yo makasi
Izali kobondisa ngai,
Otandi mesa liboso na ngai
Na miso na bayini na ngai ;
Opakoli moto na ngai na mafuta
Mpe kopo na ngai etondi maa.
Solo malamu mpe ngolu ikokenda na ngai ;
Mpe ngai nakofanda na ndako na Yawe

Kino suka na mikolo na ngai.
(Nzembo 23:1-6).

Makambo mamonanaki lokola kati na nzela na ba nzube, kasi Dawidi azalaki na eloko na monene kati na ye. Ezalaki bolingo na ye kopela moto mpe elikya iye embongwanaka te epai na Nzambe. Eloko moko te ekokaki kolongola esengo kopunja nan se na motema na ye. Dawidi azalaki solo moto oyo abotaki mbuma na esengo.

Mpona ba mbula ntuku minei na moko wuta ngai nandimela Nkolo, natikala kobungisa esengo na bolingo na ngai nay ambo soko te. Nakobi na kobika mokolo na mokolo na ngai na matondi. Nanyokwama na ba bokono mpenza mingi mpona ba mbula sambo, kasi nguya na Nzambe ebikisa ba bokono wana nioso na mbala moko. Na mbala moko nakomaki moKristu mpe nabandaki kosala na esika na kotonga ba ndako. Nazalaka na ngolu na kozwa mosala eleki wana kasi naponaka mosala makasi mpo ete ezalaka lolenge moko mpona ngai kobatela bulee mokolo na Nkolo.

Tongo nioso namesana kolamuka na tango na minei na tongo mpe nakota mayangani na tongo. Nde nakokende mosala na bilei kati na libenga. Ezalaka kozwa ngonga moko na minite ntuku misato pona kokoma na esika na mosala na bisi. Nasengelaki kosala kobanda tongo kino na pokwa na kopema moke. Ezalaki mpenza mosala na pasi. Nakikalaka kosala mosala na nzoto na kala te mpe likolo na wana mabelaka ba mbula mingi, nde bongo ezalaki mosala moke te mpona ngai.

Nakozonga na ngoga zomi nab utu sima na mosala.

Nakosokola nzoto noki noki, kolia, kotanga Biblia mpe kobondela liboso na ngai kokende kolala na minuit. Mwasi na ngai azalaka mpe kotekisa biloko na bikuke na ba ndako na bato mpo ete tokoka kobika, kasi ezalaki psi mpona biso kofuta ata interet na ba nyongo tozwaka na tango nazalaka mobeli. Na mokuse ezalaki pasi mpona biso tokoka kobika na mokolo na mokolo. Ata nazalaka na situationa na pasi mpona misolo, motema na ngai etondisamaki tango nioso na esengo mpe nandimaki Sango Malamuna tango nioso nateyamaki.

Nakolobaka ete, "Nzambe Azali na bomoyi! Nazalaki kaka kozela kufa, kasi nabikisamaki mobimba na nguya na Nzambe mpe nakomi na nzoto makasi boye!"

Makambo mazalaki pasi mpona misolo, kasi nazalaki tango nioso na matondi mpona bolingo na Nzambe oyo Abikisaki ngai na kufa. Motema na nagai mpe etondisamaki na elikya na Lola. Sima na ngai kobiangama na Nkolo mpona kokoma pateur, nanyokwamaka bapasi mingi oyo nasengelaki te mpe makambo oyo moto akoki solo kondima te, kasi ata bongo esengo na nagai mpe matondi etikala kokita te. Lolenge nini ekokaki kosalema? Ezali mpo ete matondi kati na motema ebotaka matondi mingi. Nazalaka tango nioso koluka biloko na kopesela matondi mpe namatisaka mabondeli na matondi epai na Nzambe. Na likolo na mabonza na matondi nazalaki kopesa Nzambe na mayangani nioso, nazalaka nokinoki kopesa makabo na matondi epai na Nzambe mpona makambo misusu mpe. Napesaki matondi mpona bandimi ba oyo bazali kokola kati na kondima; mpona kotika ngai napesa matondi epai na Nzambe npona ba croisade minene na ba mboka bapaya; mpo ete Apambolaki bokoli na egelesia, mpe bongo na bongo. Nasepelaka na koluka makambo na kopesela na yango matondi. Bongo, Nzambe Apambolaki ngai mpe Apesaki ngai ngolu ezanga suka mpo ete nakoba na kopesa kaka matondi. Soki napesaka kaka matondi tango makambo mazalaki malamu mpe natikaka kopesa matondi, kasi namilelaka tango makambo mazalaki mabe, nalingaki kozala na esengo oyo nazali na yango sik'oyo te.

Soki bolingi kobota mbuma na esengo

Yambo, bosengeli kolongola bo nzoto

Soki tozali na likunia mpe zua te, tokosepela na tango basusu bakumisami to ba pambolami lokola bison de to pambolamaki mpe tokumisamaki. Na kokesana tokozala na kokoso na kotalaka basusu kobonga na tango tozali na likunia mpe zua. Tokoki koyoka malamu te mpona basusu, to mpe tokobungisa esengo to motema na biso ekozanga kimya mpo ete tokoki komiyoka moke na tango basusu batombolami.

Lisusu, soki tozali na nkanda to koyoka mabe te, tokozala kaka na kimyaata soki basaleli biso mabe to mpe tobungisi. Tokomaka na nkanda mpe kolemba mpo ete tozali na mosuni kati na biso. Mosuni yango ezali mokumba oyo ememelaka biso kilo kati na motema. Soki tozali na lolenge na koluka lifuti na biso moko, tokoyoka mabe mingi mpe pasi na tango emonani lokola tozali kobungisa mingi koleka basusu.

Mpo ete tozali na bizaleli na mosuni kati na biso, moyini zabolo mpe Satana bazali koningisa makambo mana ma mosuni mpona komemela biso situation bisika wapi tokoka kosepela te.

Na lolenge oyo tozali na mosuni, tokoka te kozala na kondima na molimo, mpe tokokoba na kozala na mitungisi mingi mpe mituna na kokokaka kotiela Nzambe elikya te.

Ba oyo bazali na kondima na solo bakotika makambo nioso na maboko na Nzambe na nzela na mabondeli na matondi kati na kokoso na lolenge nioso. Bakoluka bokonzi na Nzambe mpe bosembo na yango na motema na kimya nde sima bakosenga oyo elingi bango. Kasi ba oyo batielaka Nzambe elikya te kasi makanisi na bango miko mpe ba nzela na bango moko bakokaka te kosungama kutu bazangaka kimya. Ba oyo basalaka bombongo baakoki kotambwisama na nzela na bofuluki mpe na mapamboli kaka soki bakoki koyoka malamu mpenza mongongo na Molimo Mosantu, mpe bakolansa yango. Kasi na lolenge bakozala na moyimi, kozanga kokanga motema, mpe makanisi na lokuta, bakoki te koyoka mongongo na Molimo Mosantu mpe bakokutana na ba kokoso. Na mokuse, tina mpenza mpona bango kobungisa esengo ezali mosuni oyo tozalaka na yango kati na motema. Tokokobaka na kozala na esengo na molimo mpe na matondi, mpe makambo nioso makotambola malamu elongo na bison a lolenge oyo tolongoli mosuni kati na motema na biso.

Mibale, tosengeli kolanda baposa na Molimo Mosantu na makambo nioso.

Esengo eye tolukaka ezali esengo na mokili te kasi esengo oyo ekowutaka na likolo, mingi mingi esengo na Molimo Mosantu. Tokoki kozala na esengo mpe na kosepela kaka soki Molimo Mosantu kati na biso asepeli. Likolo na nioso, esengo na solo eyaka tango tozali kosanjola Nzambe na motema na biso nioso, tokobondela mpe kosanjola Ye, mpe tokobatela Liloba na Ye.

Mpe Lisusu, soki tososoli kosuka na biso na nzela na Molimo Mosantu mpe tobongisi yango, boni esengo tokokoma na yango! Tokozala na makoki eleka mpona kosepela mpe kopesa matondi na tango tososola oyo tokomi yango ezali na bokeseni na oyo tozalaka na kala. Esengo oyo epesamak na Nzambe ekoki te kopimama na esengo moko na mokili oyo, mpe moto moko te akoki kolongola yango.

Kolandana na kopona nini tozali kosala kati na bomoi na bison a mokolo na mokolo, tokoki kolanda posa na Molimo Mosantu to baposa na nzoto. Soki tokolanda posa na Molimo Mosantu na tango nioso, Molimo Mosantu Akosepela kati na biso mpe akotondisa bison a esengo. 3 Yoane 1;4 elobi ete, "Nazali na esengo eleki oyo te ete nayoka ete bana na ngai bazali kotambola kati na makambo na solo." Lolenge elobami, Nzambe asepelaka mpe Apesaka biso esengo kati na kotondisama na Molimo mMosantu na tango tosaleli solo.

Ndakisa, soki posa na koluka lifuti na biso moko mpe posa na koluka lifiti na basusu mitutani moko na mosusu, mpe soki kowelana oyo ekokoba, tokobungisa esengo. Bongo, soki tokoluka solo lifuti na biso moko, ekomonana lokola tolingi kozwa oyo elingi biso, kasi tokozwa esengo na molimo te. Kasi kutu, tokozala na kobetabeta na motema to pasi kati na motema. Na loboko mosusu, soki tokolukaka bolamu na basusu, ekoka komonana lokola tozali kobungisa mpona ngonga wana, kasi tokozwa esengo wuta na likolo mpo ete Molimo Mosantu Azali kosepela. Kaka ba wana basi bayoka esengo wana bakososola boni malamu yango ezali. Ezali lolenge na kosepela oyo moto moko te kati na mokili akoka kopesa to mpe kososola.

Ezali na lisolo na bandeko mibali mibale. Ya kulutu alongolaka basani te sima na kolia, ya leki asengelaka tango nioso kosokola mesa sima na kolia, mpe ayokaka mabe na mokolo moko, sima na kulutu kolia mpe kolongwa na mesa, leki alobaki ete, "Osengeli kosukola ba sani nay o moko." "Okoki kosokola yango," kulutu azongiseli ye ete, "Okoki kosukola yango," azongiseli ye na mbala moko mpe akeyi na ndako ye na kolala. Leki asepelaki na yango te kasi kulutu asi alongwaki.

Leki asi ayeba ete kulutu na ye azali na bizaleli na kosokola ba sani na ye moko te. Bongo, leki akoki kaka kosalela kulutu na ye na esengo na kosokolaka ba sani nioso na ye moko. Bongo, bokoki kokanisa ete leki akosengela na kosokola basin a tango nioso, mpe kulutu akotikala na kokanisa mpona likambo yango te. Kasi soki tokosala na bolamu, Nzambe Azali Ye oyo Akobongola makambo. Nzambe Akobongola motema na kulutu na ye mpo ete akoka na kokanisa ete, 'Bolimbisi mpo ete nasalaki ete leki na ngai asokolaka ba sani tango nioso.. Kobanda lelo, nakobanda kosokola ba sani na ngai mpe oyo ya ye.'

Kolandana na likambo, soki tokolanda posa na mosuni kaka mpona lifuti na ngonga moke, tokozala tango nioso koyoka mabe mpe koswanaka. kasi tokozala na esengo soki tozali kosalela basusu na motema kolandaka bapos na Molimo Mosantu.

Lolenge moko mpona makambo na lolenge misusu. bosi bosambisa basusu na lolenge na bino moko, kasi soki bobongoli motema na bino mpe bososoli basusu na bolamu, bokozala na kimya. Boni sik'oyo tango bokutanaki na moto oyo azalaki na bizaleli ekeseni mingi na bino to moto oyo akeseni mingi na makanisi na bino? Bomekaka kokima ye, to mpe bopesaka ye mbote na kosekisa ye? Na miso na ba oyo bandimela te, ekoki kozala malamu koleka mpona bango mpona kokima to kokipa te ba oyo basepelisaka bango tem be komeka kozala malamu na bango.

Kasi ba oyo balandaka ba posa na Mlimo Mosantu bakosekisa bato na lolenge wana na motema na kosalela bango. Tango tokolukaka na komilongola moko na mokolo na elikya na koluka bolamu na basusu (1Bakolinti 15:31), tokokutana na kimya wana na solo mpe esengo oyo eutaka na likolo. Lisusu, tokokoka kosepela kimya mpe esengo na tango nioso, soki tozali ata na likanisi te ete tolingaka moto moko te to mpe bizaleli na moto moko ekokani na oyo ya biso te.

Toloba ete bobiangami epai na mokambi na lingomba mpo ete bokende na ye elongo kotala mondimi oyo ayaki ten a mokolo na eyenga, to mpe toloba ete esengameli na bino boteya Sango Malamu epai na moto oyo na mokolo na kopema. Na eteni moko na makanisi na bino bokolinga kopema, mpe eteni mosusu na makanisi na bino ekosenga bino ete bolingi kosala mosala na Nzambe. Yango etali kaka kopona na bino moko, kasi kolala mpongi mingi mpe kopemisa nzoto na bino ekopesa bino solo esengo te.

Bokoka koyoka kotondisama na Molimo Mosantu mpe esengo na tango kbokabi tango na bino mpe biloko mpona kosala mosala na Nzambe. Na lolene bokolanda posa na Molimo Mosantu lisusu mpe lisusu, bokokoba kaka na esengo na molimo tekasi mpe lisusu motema na bino ekombogwana na motema oyo na solo. Na lolenge moko wana, bokobota mbuma na esengo iye ekomela, mpe elongi na bino ekongala na pole na molimo.

Misato, tosengeli mbangumbangu kolona nkona na esengo mpe na kopesa matondi.

Mpona moloni kobuka mbuma na elanga, asengeli kolona ba nkona mpe kolandela yango. Na lolenge moko, mpona kobota mbuma na esengo, tosengeli nokinoki kotalla na lolenge na kopesa matondi mpe kopesa mbeka na matondi epppai na Nzambe. Soki tozali bana na Nzambe ba oyo bazali na kondima, ezali na makambo mingi na kosepela na yango!

Yambo, tozali na esengo na lobiko oyo ekoki na kobongolama na eloko moko te. Lisusu, Nzambe malamu Azali Tata na biso, mpe abatelaka ban aba Ye ba oyo bazali kobika kati na solo mpe koyanola nioso bakosengaka. Bongo, boni esengo tokozala na yango? Soki tokobatela kaka mokolo na Nkolo bulee mpe tokopesa moko na zomi esengela, tokokutana na likama moko te to pasi na mbula mobimba. Soki tokosalaka masumu te mpe tokobatela mibeko na Nzambe, mpe tokosala makasi mpona Bokonzi na Ye, bongo nde tokozwa tango nioso mapamboli.

Ata soki tokoki kokutana na mikakatano, biyano na makambo mana nioso ezali kati na ba buku ntuku motoba na motoba kati na Biblia. Soki pasi eyaki likolo na mbeba na biso moko, tokoka kotubela mpe kolongwa na ba nzela na lolenge wana mpo ete Nzambe Akoka kozala na mawa likolo na biso mpe Apesa biso eyabo mpona kosilisa likambo. Tango tomitali na kati, soki motema na biso ekokatela biso te, tokoka kaka kosepela mpe kopesa matondi. Bongo, Nzambe akosala na makambo nioso, Akokomisa makambo nioso malamu mpe Akopesa biso mapamboli mingi.

Tosengeli kozwa ngolu na Nzambe oyo Ye solo Apesa biso lokola eloko na pamba. Tosengeli kosepela mpe kopesa Ye matondi na tango nioso. Tango tokoluka mpona lolenge na kopesa matondi mpe tokosepela, Nzambe Akopesa biso ba nzela na kopesa matondi. Na kozonga, matondi mpe esengo na biso ikomata, nde sukasuka tokobota mbuma na esengo oyo ekomela mpenza.

Kolela ata sima na kobota mbuma na esengo

Ata soki toboti mbuma na esengo kati na motema na biso, tokokoma tango mosusu baton a mawa. Ezali komilela na Molimo yango esalemaka kati na solo.

Yambo, ezali komilela na tubela. Soki ezali na mimekano mpe pasi eyeli biso mpona masumu nna biso, tokoka kaka kosepela mpe kopesa matondi te mpona kosilisa likambo yango. Soki moto akoki kosepela ata sima na kosumuka, esengo yango ezali esengo na mokili, mpe ezali na eloko moko te na Nzambe. Na likambo wana tosengeli na kotubela na mpinzoli na miso mpe tolongwa na banzela wana. Tosengeli kotubela mpenza na kokanisaka, 'lolenge nini nakokaki kosala lisumu na lolenge wana tango nandimela Nzambe? Lolenge nini nakoki kobwakisa ngolu na Nkolo?' Bongo, Nzambe Akondima tubela na biso, mpe lokola elembo ete efelo na lisumu ekweyi, Akopesa biso esengo. Tokoyoka mpenza pepele mpe na esengo lokola tozalaki kopumbwa na mapata, mpe esengo na lolenge na sika mpe matondi ekowuta na likolo.

Kasi mpinzoli na tubela ekeseni mpenza na mpinzoli na mawa oyo etangaka mpona pasi oyo eyaka na kokoso mpe makama. Ata soki bozali kobondela na kotangisaka mpinzoli mingi mpe ata na zolo kotanga miyoyo, ezali kaka kolela na mosuni na lolenge bozali komilela mpona makambo bozali na yango. Lisusu, soki bozali kaka komeka kokima likambo na kobangaka etumbu mpe bolongwe penza na masumu na bino te, bokoka kozwa esengo na solo te. Bokoyoka te ete bolimbisami. Soki kolela na bino ezali kolela na solo na tubela, bosengeli kolongola baposa na kosumuka nde bobota ba mbuma na tubela. Kaka wana nde bokozwa esengo na molimo kowuta lisusu na likolo.

Elandi, ezali na kolela oyo bozalaka na yango tango Nzambe Atiolami to mpona milimo mana bazali kokenda nzela na kufa. Ezali lolenge na komilela oyo ekokana na solo. Soki bozali na kolela na lolenge wana, bokobondela makasi mingi mpona Bokonzi na Nzambe. Bokosenga mpona kobulisama mpe nguya mpona kobikisa ebele na milimo mpe komatisa Bokonzi na Nzambe. Bongo, kolela na lolenge wana esepelisaka mpe endimama na miso na Nzambe. Soki bozali na kolela wana na molimo, esengo na mozindo na motema na bino ekolongwa te. Bokobungisa makasi te na kozalaka molili to na kobungisa elikya, bokokoba na kopesa matondi mpe na kosepela.

Ba mbula ebele eleki, Nzambe Atalisaki ngai ndako na Lola na moto moko oyo abondelaka mpona Bokonzi na Nzambe mpe egelesia na kolela mingi mpenza. Ndako na ye ebongisamaki na wolo mpe na mabanga na motuya, mpe mingi mingi ezalaki na ebele na mangaliti kongala. Lokolo nyama na mangaliti asalaka mangaliti na makasi na ye nioso mpe mai, azalaka kolela kati na mabondeli mpona kokokana na Nkolo, mpe azalaka kolela mpona kobondela mpona Bokonzi na Nzambe mpe lobiko na milimo. Nzambe Azali kofuta ye mpona mabondeli ma ye nioso na main a miso. Na bongo, tosengeli tango nioso kosepelaka na kondimelaka Nzambe, mpe tosengeli mpe kokoka na kolelaka mpona Bokonzi na Nzambe mpe milimo na bato.

Zala na makanisi malamu mpe landa bolamu kati na makambo nioso

Na tango Nzambe Akelaka moto wa yambo, Adamu, Apesaka esengo kati na motema na Adamu. Kasi esengo Adamu azalaka na yango tango wana ekeseni na esengo oyo kozwaka sima na biso koleka na mokili oyo na nse.

Adamu azalaka ekelamo na bomoi, to molimo na bomoi, yango elakisi ete azalaka na ezaleli moko te ya mosuni, nde bongo azalaki na eloko moko te ekeseneki na esengo. Mingi mingi, azalaki na concept to makoki moko ten a kososola talo na esengo. Kaka ba oyo banyokwama na bokono bakoki kososola boni motuya nzoto kolongono ezali. Kaka ba oyo banyokwama bobola bakoka kososola talon a bomoi na bozwi.

Adamu atikala kokutana na pasi moko te, nde akokaki te kososola bomoi nini na esengo azalaka kobika. Ata soki azalaka kosepela bomoi na seko mpe bofuluki na Elanga na Edeni, akokaki mpenza kosepela na motema te. Kasi sima na ye kolia na nzete na koyeba malamu mpe mabe, mosuni ayaki kati na motema na ye, mpe abungisaki esengo oyo epesamelaki ye na Nzambe. Lokola azalaki kolekela ba pasi mingi kati na mokili oyo, motema na ye etondisamaki na mawa, kozala yemoko, koyoka mabe, nkanda na motema, mpe mitungisi.

Tokutana na pasi na lolenge nioso kati na mokili oyo, mpe sasaipi tosengeli kozongela esengo na molimo oyo ebungisaka

Adamu. Mpona kosala yango, tosengeli kolongola mosuni, tolanda baposa na Molimo Mosantu na tango nioso, mpe kolona nkona na esengo mpa na matondi kati na makambo nioso. Awa, soki tokobakisa bizaleli elongobani mpe tokolanda bolamu, tokokoka kobota mpenza mbuma na esengo.

Esengo oyo ezwamaka na tango tokutani na bokeseni kati na makambo ebele na mokili oyo, lokola Adamu abikaka kati na Elanga na Edeni te. Na boye, esengo kowuta na nse na motema na biso ekombongwanaka soko te. Esengo na solo tokosepela na Lola esi ekolisama kati na bison a mokili oyo. Boniboni tokoka kolimbola esengo oyo tokozala na yango na tango tosilisi bomoi na bison a mokili oyo mpe tokeyi na Bokonzi na Lola?

Luka 17:21 elobi ete, "...Bokoloba mpe te ete, Tala yango oyo! Soko été, yango wana ! Mpo été bokonzi na Nzambe ezali kati na bino." Nakolikya ete bokobota nokinoki mbuma na esengo kati na motema na bino mpo ete bokoka komeka Lola na mokili oyo mpe bobika bomoi oyo etondisama tango nioso na kosepela.

Baebele 12:14

"Bomeka kozala na bato nioso na kimya mpe bulee, mpo ete soko moto azangi bulee yango akomona Nkolo te."

Chapitre 4

Kimya

Mbuma na kimya
Mpona kobota mbuma na kimya
Maloba malamu mazali motuya
Kanisa na bwanya kolandana na basusu
Kimya na solo kati na motema
Mapamboli mpona ba oyo bamemaka kimya

Kimya

Ba particule na mungwa imonanaka ten a miso, kasi na tango komaka mungwa bakomaka ba cube ya kitoko na kulusutala. Mungwa moke oyo etiami kati na mai mpe ebongolaka structure nioso na mai. Ezali eloko na motuya mpona kolamba. Ba elemment mikemike kati na mungwa, kaka na eteni moke mizali na motuya mpona kobatela bomoi.

Kaka lolenge mungwa epanzani mpona kobakisa gout kati na bilei mpe ikopekisa kopola, Nzambe Alingi biso tomikaba mbeka mpona kolendisa mpe kopetola basusu mpe toboota mbuma kitoko ma kimya. Tika sasaipi totala kati na ba mbuma na kimya kati na ba mbuma na Molimo Mosantu.

Mbuma na kimya

Ata soki bandimela Nzambe, bato bakoki te kobatela kimya na basusu soki bazali na lofundu na bango moko, to bo 'ngai'. Soki bakanisi ete likanisi na bango ezali malamu, bakomeka kobwakisa makanisi na basusu mpe bakosala na nko. Ata soki boyokani esalemaki na maponami na bato ebele kati na lisanga, bakoobaka koyimayima mpona decision wana. Bakotala mpe kati na bosuki na bato esika ba tala makambo malamu kati na bango. Bakoki mpe koloba mabe na bato misusu mpe kopanza makambo mana, bongo bakobanda kotutisaka bato mitu.

Tango tozali zingazinga baton a lolenge wana tokoki komona lokola tofandi na mmbeto na ba nzube mpe tozali na kimya te. Bisika ezali na babuki kimya, ezalaka tango nioso na kokoso, komilela, mpe mimekano. Soki kimya ekweyisami kati na mboka, libota, esika na mosala, egelesia, to na lisanga moko, nzela mpona lipamboli ekokangama mpe ekozala na mikakatano mingi.

Kati na theatre, elombe mobali to na mwasi bazali solo

motuya, kasi ba role mosusu to mosala na kosunga na moto na moto mizalaka mpe na motuya. Lolenge moko mpona organization nioso. Ata soki ekoki komonana lokola eloko na pamba, tango moto na moto asali mosala na ye lolenge esengeli mosala ekoki kokokisama na mobimba, mpe moto na lolenge wana akoki kopesama mosala monene na mbala ekoya. Lisusu, moto asengeli kozala na lolendo te kaka mpo ete mosala azali kosala ezali motuya. Tango azali mpe kosunga basusu mpo ete bakola elongo, moisala nioso makoka kosila kati na kimya.

Baloma 12:18 elobi ete, "Soko ekokoka, mpe lokola ezali likambo na bino nioso, bozala na kimya na bato nioso." Mpe Baebele 12:14 elobi ete, "Bomekaka kozala na bato nioso kimya mpe na bulee, mpo soko moto azangi bulee yango akomona Nkolo te."

Awa, 'kimya' ezali kozala na makoki na kondima makanisi na basusu, ata soki oyo na biso nde esengeli. Ezali kopesa malamu epai na bato misusu. Ezali motema na boyambi na lolenge ete tokoki kozala na kimya na moto nioso kaka ski ezali kati na mondelo na solo. Ezali koluka lifuti na basusu mpe kozala na koponapona te. Ezali komeka kozala na mbilingambilinga to kowelana na basusu te. Na komiboya kotalisa makanisi na biso oyo etelemeli ya bango mpe na kotalaka bosuki na bato misusu te.

Bana na Nzambe basengeli kaka te kobatela kimya kati na mobali mpe mwasi, baboti na bana, mpe bandeko mibali na bazalani, kasi basengeli mpe kozala na kimya na bato nioso. Basengeli kaka te kozala na kimya na ba oyo balingaka kasi na ba oyo mpe bayinaka bango mpe bamemelaka bango pasi. Ezali motuya kobatela kimya kati na egelesia. Nzambe Akoki kosala te soki kimya ekweyi. Ezali kaka kopesa nzela epai na Satana mpo ete afunda biso. Lisusu, ata soki tozali kosala makasi mpe tokokisi mosala monene kati na mosala na Nkolo, tokoki te kokumisama soki kimya elongwe.

Na Genese 26, Yisaka abateleki kimya na bato nioso ata na esika oyo bato misusu bakomaki kotelemela ye. Ezalaki tango Yisaka, na komeka kokima nzala, akendeki na esika wapi Bafilisitia bazalaki kobika. Azwaki lipamboli na Nzambe, mpe etuluku na bibwele mpe bam pate na ye ekomaki ebele mpe ndako na ye ekomaki monene. Bafilisitia bakomaki na likunia na ye mpe bazipaki mabulu na main a Yisaka na kotondisaka yango na mabele.

Bazalaki na mbula na kokoka ten a esika wana, mingi mingi na tango na molunge mbula ezalaki te. Mabulu na mayi ezalaki bomoi na bango. Yisaka, atikalaki koswana to kowelana na bango te. Alongwaki kaka na esika mpe atimolaki libulu mosusu. Tango nioso azalaka kozwa libulu na mai sima na pasi makasi, Bafilisitia bayaki mpe balobaki ete libulu ezalaki ya bango. Ata bongo, Yisaka atikalaka koswana te kasi atikelaki bango mabulu nioso. Akendeki esika mosusu mpe atimolaki libulu mosusu. Likambo yango ezongaki mbala na mbala kasi Yisaka asalelaki bato yango kaka na bolamu, nde Nzambe Apambolaki ye mpo ete azwa libulu esika nioso akendeki. Na komonaka boye, Bafilisitia basosolaki ete Nzambe Azalaki na ye mpe batungisaki ye lisusu te.Soki Yisaka aswanaka to abundisaka bango mpo ete basalelaki ye mabe, alingaki kokoma moyini na bango mpe asengelaki kolongwa esika wana. Ata soki wuta akokaki komilobela ye moko na lolenge elongobani, ekokaka kosala te mpo ete Bafilisitia bazalaki koluka kobebana na makanisi na mabe. Mpona yango, Yisaka asalelaki bango kati na bolamu mpe abotaki mbuma na kimya.

Soki toboti mbuma na kimya na lolenge oyo, Nzambe

Akambaka makambo nioso mpo ete tokoka kofuluka na makambo nioso. Sik'awa, lolenge nini tokoki kobota mbuma oyo ya kimya?

Mpona kobota mbuma na kimya

Yambo, tosengeli kozala na kimya na Nzambe Ya motuya koleka na kobatela kimya na Nzambe ezali ete tosengeli kozala na efelo moko ten a masumu.Adamu asengelaki kobatama na Nzambe wuta abukaki Liloba na Nzabe mpe aliaka mbuma epekisama (Genese 3:8). Na kala, ayokaka bo camarade mpenza na kozala penepene na Nzambe, kasi sasaipi bozali na Nzambe ememelaki ye bobangi mpe bozali mosika. Ezalaki mpo ete kimya na Nzambe ekweyaki likolo na lisumu oyo.

Ezali lolenge moko na biso. Tango tokosalaka kati na solo, tokoki kozala na kimya na Nzambe mpe tozala na makasi liboso na Nzambe. Ya solo, mpona kozala na kimya ekoka mpe malamu, tosengeli kolongola masumu na mabe nioso kati na motema na biso mpe tobulisama. Kasi ata soki naino tokokisami te, na lolenge tozali kosalela solo nokinoki kati na etape na biso kati na kondima, tokoka kozala na kimya na Nzambe. Tokoka te kozala na kimya ekoka na Nzambe kaka na ebandeli, kasi tokoki kozala na kimya na Nzambe na tango tozali komeka kolanda kimya na Ye kati na etape na biso kati na kondima.

Ata na tango tozali komeka kozala kimya na bato, tosengeli liboso kolanda kimya na Nzambe. Ata soki tosengeli kolanda kimya na baboti na biso, bana, babalani, baninga, mpe ba oyo tosalaka na bango, tosengeli soko te kosala eloko oyo etelemelaka solo. Mingi, tosengeli te kobuka kimya na Nzambe mpona koluka kozala na kimya na bato.

Ndakisa, boni soki tongumbameli ba nzambe na bikeko to tobuki mokolo na Nkolo mpona koluka kozala na kimya na ba ndeko oyo bandimela te? Ekomonana lokola tozali na kimya mpona ngonga wana, kasi solo abuki mpenza kimya na Nzambe na kotongaka efelo na masumu liboso na Nzambe. Tokoki te kosala masumu mpona kozala na kimya na bato misusu. Lisusu, soki tokobuka mokolo na Nkolo mpona kokende elambo na libala na ndeko na libota to moninga, ezali mpe kobuka kimya na Nzambe, mpe na suka, tokoka mpe te solo kozala na kimya na bato wana.

Mpona biso tozala na kimya na solo na bato, tosengeli liboso kosepelisa Nzambe. Bongo, Nzambe Akobengana moyini zabolo mpe Satana mpe Abongola makanisi na moto mabe mpo ete tokoka kozala na kimya na bato nioso. Masese 16:7 elobi ete, "Wana ezaleli na moto ekosepelisa Yawe, akofanda ata na bayini na ye na kimya."

Ya solo moto mosusu akokoba na kobuka kimya na biso ata soki tokomeka oyo eleki biso kati na solo. Na likambo na boye, soki tokozongisa kati na solo kino suka, Nzambe solo aAkosala mpona bolamu kati na nioso. Ezalaki likambo na Dawidi na mokonzi Saulo. Likolo na zua na ye mokonzi Saulo amekaka koboma Dawidi, kasi Dawidi asalelaki ye na bolamu kino suka. Dawidi azalaka na mabako mingi mpona koboma ye, kasi aponaka kolanda kimya na Nzambe na kolandaka bolamu. Suka suka, Nzambe Atikaka Dawidi afanda na Ngwende mpona kozongisa malamu na ye.

Mibale, tosengeli kozala na kimya na biso moko.

Mpona kozala na kimya na biso moko, tosengeli kolongola lolenge nioso na masumu mpe tobulisama. Na lolenge tokozala na mabe kati na motema na biso, mabe na biso ekoningisama kolandana na ba situation na lolenge na lolenge, bongo kimya ekobebisama. Tokoki kokanisa ete tozali na kimya tango makambo matamboli malamu lolenge tolingeli miango kozala, kasi kimya ekokweya tango makambo mazali malamu te mpe makosimba mabe kati na motema na biso. Tango koyina mpe kanda ezali kotoka kati na motema na biso, boni malamu te ekozala! Kasi tokoki kozala na kimya na motema, ata situation na lolenge nini, soki kaka toponi kolanda solo.

Kasi, bato misusu, bazalaka na kimya na solo te kati na mitema na bango ata soki bazali kommeka kosalela solo mpona kozala na kimya na Nzambe. Ezali mpo ete bazali na bosembo na bango moko mpe solo basalelaka mabe kati na bizaleli na bango.

Ndakisa, bato misusu bazalaka na kimya na makanisi te mpo ete bakangama makasi mingi na Liloba na Nzambe. Kaka lolenge Yobo liboso na ye kokota na mimekano, ba bondelaka makasi mpe bamekaka kobika lolenge na Liloba na Nzambe, kasi bazali kosala makambo mana na bolingo na bango mpona Nzambe. Babikaka na Liloba na Nzambe mpona na bobangi na etumbu mpe lifuti na Nzambe. Kasi soki esalemi ete babuka mobeko na solo mpona likambo songolo, bakokoma kanda kanda na bobango ete bakoki kokutana na likambo mabe.

Na likambo na lolenge oyo, boni boni motema na bango ekokoma ata soki bazali kosalella mpenza solo! Bongo bokoli na bango na molimo ekotika to bakobungisa esengo. Sima na nioso, bazali konyokwama likolo na bosembo na bango moko mpe solo bakosalelaka mabe na makanisi. Na likambo oyo, esika na kokoba na ezaleli na kobatela Mobeko, basengeli komeka na kokolisa bolingo mpona Nzambe. Moto akoki kosepela kimya na solo soki alingaka Nzambe na motema na ye mobimba mpe asosoli bolingo na Nzambe.

Awa ezali na ndakisa mosusu. Bato misusu bazalaka na kimya na bango moko te likolo na makanisi na bango masengela te. Bamekaka kosalela solo, kasi bakomikatela mpe bakomema pasi kati na motema na bango moko soki bazwi eyano balingaki te. Bakoyoka mabe liboso na Nzambe mpe bakobungisa motema na kokanisaka ete bazangi mingi. Bakobungisa kimya na kokanisa ete, 'Boni soki bato zingazinga na ngai balembi ngai? Boni soki bakobwakisa ngai?

Bato na lolenge oyo basengeli kokoma bana na molimo. Na kokanisa bana oyo bandimelaka bolingo na baboti na bango ezali pete. Ata soki basali mbeba, bakobatama na baboti na bango te, kasi bakokende na maboko na baboti na bango na kolaka ete bakobongisa mbala ekoya. Soki basengi bolimbisi mpe balaki ete bakobongisa na elongi na bolingo mpe na elikya, ekomema baboti na bango na koseka ata soki bazali komibongisa mpona kopamela muana na bango.

Ya solo, elakisi te ete bosengeli kaka koloba tango nioso ete bokobongisa na mbala ekoya mpe kozongelaka kaka likambo moko wana. Soki solo bolingo kolongwa na masumu mpe kobongisa mbala ekoya, mpona nini Nzambe Abalolela bino elongi? Ba oyo bakotubelaka solo bakobungisa te to mpe bakolemba likolo na bato misusu. Ya solo, basengelaki kozwa etumbu to mpe kotiama na esika na nse kolandana na bosembo. Ata bongo, soki solo bayebi ete bolingo na Nzambe ezali likolo na bango, bakondima etumbu na Nzambe likolo na bango mpe bakolanda makanisi to maloba na bato te.

Na loboko mosusu, Nzambe Akosepela te soki bango bakokoba na kobeta tembe, nakokanisaka ete masumu na bango elimbisamaki te. Soki solo batubelaki mpe balongwaki na ba nzela na bango mabe, ezali esengo na miso na Nzambe ete bango bandima ete balimbisami. Ata soki ezali na mimekano oyo eyeilaki bangolikolo na ba mbeba na bango, mikobaluka na mapamboli soki bakondima yango na esengo mpe na matondi.

Na boye, tosengeli kondima ete Nzambe Alingi biso ata soki naino tokokisami te, mpe akokomisa biso yakokoka soki tokokoba na komeka komibongola biso moko. Lisusu, soki tokitisami na momekano, tosengeli kotiela Nzambe elikya Ye oyo Akotombola biso solo. Tosengeli te kopanzana na mposa na kondimama epai na bato. Soki tokokoba na komatisa motema na solo mpe misala, tokoka kozala na kimya na biso moko mpe na makasi na molimo.

Tosengeli kozala na kimya na moto nioso.

Mpona koluka kimya na moto nioso, tosengeli kokoka komikaba mbeka. Tosengeli komikaba mpona basusu, ata na esika na kopesa bomoi na biso. Ntoma Polo alobaki ete, "Nazali kokufa mokolo na mokolo," mpe kaka lolenge alobaki, tosengeli te kobetisa sete na makambo na biso moko, na makanisi na biso, to biloko oyo elingaka biso mpona kozala na kimya na bato nioso.

Kozala na kimya, tosengeli te kosala makambo mpona kosala to tomeka komimatisa to mpe kozala na lolendo. Tosengeli komikitisa na motema mpe komatisa basusu. Tosengeli te koyoka mabe, mpe na ngonga moko, tosengeli kondima ba lolenge misusu na bato, yango kaka soki kati na solo. Tosengeli te kokanisa na epimeli na kondima na biso moko kasi na mabanzo na basusu. Ata soki makanisi na biso mazali malamu, to mpe ata maleki, tosengeli kokoka kolanda oyo na baninga.

Yango elakisi te ete, esengeli na biso totika bango bakende nzela na bango moko ata soki bato misusu wana bazali kokenda na nzela na kufa mpona kosalaka masumu. Soko te tokomisangisa na bango to mmpe tosangana na kosalaka oyo ezangi solo. Tosengeli tango na tango kopesaka bango toli to mpe kopamela bango kati na bolingo. Tokoka kozwa lipamboli monene na tango tolandi kimya kati na solo.

Elandi, kozala na kimya na bato nioso tosengeli te kotelema na bosembo na biso moko mpe solo tokosalelaka mabe. 'Solo tokosalela mabe' ezali tango moto akokanisa ete azali sembo kolandana na ezaleli na moto ye moko, makambo alingaka mpe bongo na bongo. 'Bosembo na moto ye moko' awa, ezali kondimisa baton a makasi oyo moto amoni sembo, bondimi na bango mpe makanisi moto akokanisa ete ezali likolo. Bosembo na miso na moto ye moko mpe solo akosalela mabe etalisama na ba lolenge ndenge na ndenge kati na bomoi na biso.

Boni soki moto akobuka mibeko na company mpona komilongisa na kokanisaka ete, mibeko mizali mabe? Akoki kobanza ete azali kosala oyo elongobani, kasi bakonzi to mpe bato asalaka na bango bakokanisa lolenge mosusu. Lisusu ezali kolandana na solo tango tolandi makanisi na basusu na lolenge oyo mazali lokuta te.

Moto na moto azali na ezaleli na ye moko mpo ete moto na moto akolisama na esika ekesana. Moto na moto azwa education ye mpe etape kati na kondima mpe ekesana. Bongo, moto na moto azali na lolenge na ye na kokatela malamu to mabe tomabe mingi. Moto akoki kokanisa ete likambo songolo ezali malamu na tango basusu bakokakisa ete ezali mabe.

Tika tolobela likambo kati na mobali mpe mwasi na ye lokola ndakisa. Mobali alingi ndako ebatelamaka tango nioso petwa, kasi mwasi akosalaka yango te. Mobali akondima yango na ebandeli mpona bolingo mpe akobanda kosukola ye moko. Kasi na lolenge ekokoba, akobanda kozwa kanda. Akobanda kokanisa ete mwasi na ye alakisamaki malamu ten a ndako na bango. Akomitunaka mpona nini akoka kosala eloko moko oyo ezali pete te mpe elongobani. Akososola te mpona nini bizaleli ma ye mazali kobongwana tea ta sima na ba mbula ebele, ata soki apesi ye toil mbala na mbala. Kasi na loboko mosusu, mwasi mpe azali na likambo na koloba. Komitika na ye ematisami epai na mobali na ye nakokanisaka ete, 'Nazali aw ate kaka mpona kopetola mpe kosalaka misala na ndako. Tango misusu soki nakoki kopetola te, akoluka kosala yango ye moko. Mpona nini akomilelaka likolo na yango mingi? Emonanaki lokola alingaka kosalela ngai eloko nioso na kala, kasi sik'oyo azali komilela mpona likambo na lolenge oyo. Azali ata kolobela likolo na malakisi na libota na ngai!' Soki moko na moko kati na bango akotelemela makanisi na mosusu, bakoka kozala na kimya te. Kimya ekoki kazala kaka tango babandi kondima makanisi na mosusu mpe babandi kosalelana, kasi te soki bakokanisaka kaka na ngambo na bango moko.

Yesu Alobela biso yango, tango tozali kopesa mabonza na biso epai na Nzambe, soki tozali na likambo na moko na bandeko na biso, tosengeli naino kozongisa lisanga elongo na ye mpe na sima kokende kopesa libonza. (Matai 5:23-24). Libonza na biso ekondimama na Nzambe kaka sima na biso kozala na kimya na ndeko wana mobali mpe tokobonza likabo.

Ba oyo bazali na kimya na Nzambe nan a bango moko bakobebisa kimya na basusu te. Bakoswana na moto moko te pamba te basi balongoli moyimi kati na bango, lolendo, lofundu, mpe bosembo na miso na bango moko mpe solo bakosalelaka mabe. Ata soki basusu bazali mabe mpe bakomema kokoso, ba wana bakomikaba mbeka mpe na suka bakomema kimya.

Maloba ma bolamu mazali motuya

Ezali na makambo mabale oyo tosengeli kondima na tango toluki kimya. Ezali motuya mingi koloba kaka maloba malamu mpona kobatela kimya. Masese 16:24 elobi ete, "maloba kitoko mazali lokola mafuta na nzoi na elengi epai na molimo mpe na kobika kati na mikwa." Maloba malamu mapesaka makasi mpe konzo na ba oyo baswami na motema. Makoki kokoma kisi malamu mpona kosekwisa milimo mikokufa. Na loboko mosusu maloba mabe makobebisaka kimya. Lehobama, muana na mokonzi Salomo, amataki na ngwende, baton a bikolo zomi basengaki mokonzi ete akitisa makasi na mosala na bango. Mokonzi azongisaki ete, "Tata na ngai atiaki ekangeli na bino na bozito nde ngai nakobakisa; tata na ngai anyokolaki bino na pimbo nde ngai nakonyokola bino na nkotó." 92 ntango 10:14). Likolo na maloba mana, mokonzi mpe bato bakeseneki mpenza, yango sukasuka ememaki mboka ekabwana na biteni mibale.

Lolemo na moto ezali eteni moke mingi kati na nzoto, kasi izali na nguya makasi. Ezali lolenge na moto moke oyo ekoki kokoma moto monene mpe komema ebele na pasi soki balandeli yango te. Mpona tina yango Yakobo 3:6 elobi ete, "Lolemo ezali moto. Lolemo ezali lokola mokili na bokesene efandi kati na bilembo na biso, kobebisa nzoto mobimba mpe kobikisa bizaleli na biso nyoso, yango mpenza ezikisami na Geena." Lisusu, Masese 18:21 elobi ete, "Kufa mpe bomoi ezali na nguya na lolemo; ba oyo balingi yango bakolia mbuma na yango."

Mingi mingi soki tokolobaka maloba na nkanda to mpe na komilela likolo na bokeseni na makanisi, mifandisi koyoka mabe kati na yango, nde bongo, moyini zabolo mpe Satana bazali kofunda likolo na bango. Lisusu, kaka kofandisa nkanda mpe komilela na motema mpe kotalisa bizaleli wana na libanda lokola maloba mpe bizaleli makeseni mpenza. Kobomba molangi na main a kokomela kati na poche ezali likambo moko, kati kofongola yango mpe kobwakela bato ezali eloko mosusu. Soki bopanzi yango libanda ekobebisa bato zingazinga na bino elongo nay o moko mpe lokola.

Na lolenge moko, tango bozali kosala mosala na Nzambe, bokoki komilela kaka mpo ete makambo misusu makokani na makanisi na bino te. Bongo, basusu oyo bandimi makanisi na bino bakoloba lolenge moko. Soki bakomi mibale to misato, ekokoma lisanga na Satana. Kimya ikolongwa kati na egelesia mpe bokoli na egelesia ekokatana. Na bongo , tosengeli tango nioso kotala, koyoka, mpe koloba kaka makambo malamu(Baefese 4:29). Tosenge ata koyoka maloba maye mazali kati na solo mpe na bolamu te.

Tokanisa kati na bwanya koladana na makanisi na basusu

Nini tosengeli kolandela na mibale ezali likambo esika wapi bozali na kanda na motema te mpona moto mosusu, kasi moto yango azali kokweyisa kimya.Awa bosengeli kotala soki mbeba ezali mpenga na moto wana. Tango mosusu, bozali ba oyo tango mosusu bakosalaka ete kimya elongwa kasi bososoli yango te.

Bokoki kosala pasi na sentiment na basusu likolo lolenge na bino mabe to mpe maloba mazanga banya to mpe bizaleli na bino. Na likambo na lolenge oyo, soki bokokobaka na kokanisaka ete bozali na nkanda na motema mpona moto mosusu te, bokoka soko kozala na kimya na moto yango to mpe kokota na bososoli iye ikomema bino kati na mbongwana. Bosengeli solo kotala soki bozali baton a kimya ata na miso na moto yango mosusu.

Kolandana na makanisi na mokambi, ekoki komonana ete azali kobatela kimya kasi ba oyo bazali kosala na ye bakoki na koyoka mabe kati na bango. Bakoki te kaka kotalisa sentiment na bango epai na bakonzi na bango te. Bakoka kaka kokanga motema ata soki ekosuaka kati na bango.

Ezali na eteni na motuya likolo na Ministre wa Yambo Hwang Hee ya Dinastie Chosun. Amonaki moloni oyo azalaka kotimola elanga na ye na ba ngombe mibali mibale. Ministre atunaki moloni na mongongo makasi ete, "Nani kati na bangombe asalaka makasi koleka?" Moloni mbala moko akangaki lokobo na Ministre mpe amemaki ye na mosika. Alobelaki ye na litoyi ete, "Ya moindo tango mosusu azalaka na bolembu, oyo na jaune asalaka makasi." "Pona nini osengeli komema ngai awa kaka mpona kolobela ngai likolo na ba ngombe?" Hwang Hee atunaki motuna na koseka na elongi na ye. Moloni azongisaki ete, "Ata ba nyama balingaka te tango mosusu soki tozali koloba mabe likolo na bango." Elobama ete Hwang Hee asosolaki mbala moko bozangi ngele na ye.

Boni soki bangombe mibale basosolaki nini moloni alobaki? Ngombe jaune akokaki kokoma lolendo, mpe ngombe moindo alingaki kokoma na zua mpona komema kokoso na ngombe oyo ya jaune to mpe ekokaki kolemba mpe kolembisa na mosala.

Kolandana na lisolo oyo, tokoki koyekola consideration ata mpona ba nyama, mpe tosengeli kokeba na koloba to mpe kolakisa ezaleli oyo ekotalisa koponapona. Bisika wapi koponapona ezali, zua mpe lolenge ezalaka. Ndakisa, soki bokokumisaka kaka moto moko na miso na bato ebele, to soki bokopamela kaka moto moko na miso na bato ebele, bongo bokofandisa moboko mpona komatisa bokabwani. Bosengeli kokeba mpe na ekenge ekoka mpona komema kokoso na lolenge wana te.

Lisusu, ezali na bato banyokwamaka likolo na koponapona to kokitisama na mikonzi na bango, kasi ata bongo soki bango moko bakomi bakonzi, bakokitisa bato misusu mpe lokola mpe bakolakisa koponapona epai na basusu. Kasi tososolaka wana ete soki bonyokwamaki na bozangi sembo, bosengeli kokeba na maloba na bino mpe na bizaleli mpo ete kimya ebebisama te.

Kimya ya solo kati na motema

Eloko mosusu bosengeli kokanisa na tango bozali kokokisa kimya ezali ete kimya na solo esengeli kokokisama kati na motema. Ata ba oyo bazali na kimya na Nzambe te to na bango moko bakoki kozala na kimya na basusu na lolenge moko boye. Ebele na bandimi bayokaka tango nioso ete basengeli kobebisa kimya te, nde bongo bakokoka kokanga ba nkanda kati na mitema mpe batutana na basusu oyo bazali na makanisi moko na bango te. Kasi na kozala na bobebani na libanda te elakisi te ete baboti mbuma na kimya. Mbuma na Molimo ebotamaka kaka na libanda te kasi kati na motema.

Ndakisa, soki moto mosusu azali kosalela to mpe kondima yo, bokoyokela ye kanda, kasi bokoki kotalisa yango libanda te. Bokoki kokanisa ete, 'Nasengeli kozala kaka na patience moke!' mpe nameka kosalela moto wana. Kasi toloba ete eleko yango esalemi lisusu.

Bongo, bokoki komatisa koyoka motema pasi na kokanisaka ete ekozokisa lolendo nay o te, kasi bokoki mpe kotuka moto yango lolenge mosusu. Na lolenge mosusu bokoki kotalisa ete bonyokolami. Na tango mosusu, bokososola basusu te mpe yango ekopekisa kozala na kimya na bango. Bokokanga kaka monoko na kobanga ete bokoki kobendana soki boswani. Bokokata kolobisa moto wana na kotalaka ye pamba kokanisaka ete, 'Azali mpenza mabe mpe motingami yango nakoki kolobisa ye te.

Na lolenge oyo, bokobebisa kimya na libanda te, kasi bozali mpe koyokela moto wana esengo soko moko mpe te. Bokondima makanisi na ye, mpe bokoki ata koyoka ete bolingi te kozala penepene na ye. Bokoki ata komilela mpona tina na ye na kolobela basusu mpona makambo ma ye. Bokotalisa koyoka na bino mabe na kolobaka ete, "Azali mpenza mabe. Lolenge nini bato basosolaka ye na oyo asali! Kasi na kosalela bolamu, yango wana nalobisaka ye." Ya solo ezali malamu kobebisa kimya te na lolenge oyo mbe kobebisa yango mbala moko.

Kasi mpona kozala na kimya na solo, bosengeli kosalela basusu na motema na bino. Bosengeli kozala na posa na kosala mpe koluka lifuti na baninga.

Bosengeli kaka koseka na libanda ten a tango bozali kokatela na kati. Bosengeli kososola basusu kolandana lolenge na bango na komonela makambu. Kaka wana nde Molimo Mosantu Akoka kosala. Ata na tango bazali koluka lifuti na bango moko, bakosimbama na motema na bango mpe bakombongwana. Tango moto na moto azali na bosuki na ye, mosusu akoki kondimela ye Pamela. Na bongo, moto nioso akoki kozala na kimya na solo mpe bakoka na kokabola mitema na bango.

Mapamboli mpona bamemi na kimya

Ba oyo bazali na kimya na Nzambe, na bango moko, mpe na bato nioso, bazali na mpifo na kobengana molili. Nde, bakoka kokokisa kimya penepene na bango. Lolenge ekomama na Matai 5:9, "Mapamboli epai na bango bakoyeisa kimya, pamba te bakotangama bana na Nzambe," bazali na mpifo na bana na Nzambe, mpifo na pole.

Ndakisa, soki ozali mokambi na egelesia, okoki kosunga bandimi babota mbuma na kimya. Mingi, bokoki komemela bango Liloba na solo nakozalaka na mpifo mpe nguya, nde bakokoka kolongwa na masumu mpe bakweyisa bosembo na miso nabango moko mpe solo basaleli mabe. Tango lisanga na Satana esalemi oyo ekobebisa bato moko na moko, bokoka kobebisa bango na nguya na liloba na bino. Na lolenge oyo okoka komema kimya epai na bato na lolenge na lolenge.

Yoane 12:24 elobi ete, "Solo solo nazali koloba na bino ete, soki mbuma na masango ekokeia nna mabele mpe ekokufa te, ekotikala bobele moko mpenza; soko ekokufa ekobota mbuma mingi." Yesu Amikabaki mbeka Ye moko mpe akufaki lokola mbuma na masango mpe abotaki ba mbuma ebele mingi. Alimbisaki masumu na ebele na milimo kokufa mpe Atika ete bazala na kimya na Nzambe. Lokola lifuti, Nkolo Ye moko Akomaki Mokonzi na Bakonzi mpe Nkolo na ba Nkolo na kozwaka lokumu mpe nkembo monene.

Tokoki kobuka ebele kaka na tango tomikabi mbeka biso

mpenza. Nzambe Tata Alingi ban aba Ye ba bolingo bamikaba mpe 'bakufalokola masango' mpona kobota ba mbuma ebele kaka lolenge Yesu Asalaka. Yesu Alobaka na Yoane 15:8 ete, "Tata na ngai Akokumisana na likambo oyo ete bobotaka mbuma mingi mpe ete boya bayekoli na ngai." Lolenge elobama, tika ete tolanda posa na Molimo Mosantu mpona kobota mbuma na kimya mpe tomema ebele na milimo na nzela na lobiko.

Baebele 12: 14 elobi ete, "Bomekaka kozala na bato nioso kimya mpe na bulee, mpo soko moto azangi bulee yango akomona Nkolo te." Ata soki ozali mpenza malamu, soki basusu bazali koyoka mabe likolo na yo mpe soki ezali kowelana, ezali sembo ten a miso na Nzambe, nde bongo, bosengeli komitala. Bongo, bokoka kokoma baton a bulee ba oyo bazali na elembo moko ten a mabe mpe oyo akoki komonaNkolo. Na kosalaka bongo, nakolikya ete bokosepela mpifo na molimo na mokili oyo na kobengama bana na Nzambe, mpe kokota na esika na lokumu na Lola bisika wapi bokoki komona Nkolo tango nioso.

Yakobo 1:4

"Tika mpe ete mpiko ekokisa mosala na yango nye ete bozala basembwi mpe babongi kozanga eloko moko te."

Mibeko nakotelemela makambo yango izali te

Chapitre 5

Motema petee

Motema petee ekoluka kokanga motema te
Mbuma na motema petee
Motema petee na ba tata na kondima
Motema petee na kokende na bokonzi na likolo

Motema petee

Mingi mingi emonanaka lokola kozala na kosepela na bomoi elandaka soki tozali motema petee to te. Kati na baboti mpe bana mpe mibali mpe basi, kati na bana mpe na babinga, bato basalaka makambo oyo bako regreter mingi mpenza mpo ete bazali na motema petee te. Kolonga to mpe kokweya na kotanga na biso, mosala, to bombongo makoki mpe kolanda kokanga motema na biso. Motema petee ezali eloko na motuya mingi na bomoi na biso.

Motema petee mpe oyo elakisama kozala petee na bato na mokili mizali mpe na bokeseni. Bato na mokili oyo balekelaka makambo na kokanga motema Yango ezali mpotema petee na mosuni. Koki bazali na kanda na motema, bakonyokwama makasi na komeka kokanga yango. Bakoki kolia mino na bango to mpe kotika kolia bilei. Sukasuka ekomema na likambo na kanda to depression na moto. Ata bongo balobaka ete baton a lolenge wana ba oyo bakoki kokanga makambo na motema batalisaka motema petee makasi. Kasi yango ezali soko moke te na molimo.

Motema petee elukaka kokanga motema te

Motema petee na molimo ezali kokanga motema na mabe te kasi kaka kati na bolamu. Soki ozali na motema petee kati na bolamu, okoka kolonga mikakatano na kopesaka matondi mpe ena elikya. Yango ekomema yo ozala na motema na boyambi. Na bokeseni, soki okangaka motema kati na mabe, mabe nay o ekobakisama kati na motema nay o mpe motemana yo ekokoma libanga na koleka.

Toloba ete moto azali kolakela yo mabe mpe azali komemela yo pasi na tina te. Bokoki koyoka lokola lolendo na bino etutisami mpe ata koyoka lokola bakitisi bino, kasi bokoki mpe kobomba yango na kokanisa ete bosengeli na kokanga motema kolandana na Liloba na nzambe. Kasi elongi na bino ekobaluka motane, kopema na bino ekokoma nokinoki, mpe bibebo na bino miyeisami mike na lolenge bozali komeka kookonza makanisi mpe emotion na bino. Soki bokokanga motema na lolenge oyo, makoki kopimbwa mokolo moko soki makambo mabebisami na koleka. Motema petee na lolenge wana ezali na molimo te. Soki bozali na kokanga motema na molimo, motema na bino ekoningisama na eloko moko te. Ata soki bafundi bino na likambo boyebi te, bokomeka kaka kotikela bato misusu ete bazala malamu na kokanisaka ete esengeli ezala na bososoli moko na mabe. Soki bozali na motema eye, bokoluka te kokanga motema to kolimbisa moto. Tika ngai napesa bino mua ndakisa na pete.

Kati na malili makasi na tango na malili, ndako moko epelisi minda kino butu makasi. Muana bebe kati na ndako azali na fievre eye ezali komata kino 40°C (104°F). Tata na muana azindisi T-shirt na ye na mai mpe akangi bebe. Tango tata atie serviette na malili na nzoto na bebe ekamwisaki ye mp ealingaki yango te. Kasi bebe azwaki makasi na maboko na Tata na ye, ata soki T-shirt eyokamaki malili mpona tango wana.

Tango T-shirt ekomaki moto likolo na fievre na bebe, tata akopolisa yango lisusu na mai malili. Tata asengelaki kopolisa T-shirt na ye kino tango tongo etanaki. Kasi amonanaki te lokola na kolemba. Kasi kutu azalaki kotala na miso ma ye ma bolingo likolo na bebe na ye oyo azalaki kolala mpongi na kati na maboko ma ye.

Ata soki alamukaki butu mobimba, azalaki na komilela moko ten a nzala to na kolemba. Azalaki na tango na kolandela nzoto na ye moko te. Makanisi ma ye nioso mazalaki likolo na bebe mpe na kokanisa lolenge nini na kokomisa muana na ye ayoka malamu. Mpe na tango bebe ayokaki malamu, akanisaki minyoko na ye moko te. Tango tolingi moto, tokoka na mbala moko koyika mpiko kati na minyoko mpe kotoka, nde, tokosengela na kokanga motema soko te. Yango ezali limbola na molimo na motema petee.

Mbuma na motema petee

Tokoki komona 'motema petee' kati na 1 Bakolinti chapitre 13, "Chapitre na Bolingo", mpe yango ezali motema petee mpona kokolisa bolingo. Ndakisa, elobi ete bolingo ekolukaka lifuti na yango te. Mpona kotika nini elingi biso mpe toluka liboso lifuti na bato misusu kolandana na liloba oyo, tokokutana na likambo oyo esengi kokanga motema na biso. Motema petee kati na chapitre na bolingo ezali motema petee na kokolisa bolingo.

Kasi Motema petee oyo ezali moko na ba mbuma na Molimo Mosantu ezali motema petee na makambo nioso. Motema petee oyo ezali na etape moko likolo na oyo kati na chapitre na bolingo. Ezalaka na kokoso na tango tomekaka kokokisa likambo, ezali soko mpona bokonzi na Nzambe to kobulisama na biso moko. Ekozala na kolela mpe kotoka na kobimisa energie na biso nioso. Kasi tokoki na kokanga motema kati na kondima mpe bolingo mpo été tozali na elikya na kobuka mbuma. Motema petee oyo ezali motema petee lokola moko na mbuma na Molimo Mosantu. Ezali na ba lolenge misato kati na yango.

Yambo ezali motema petee na kobongola motema na biso.
Kolandana na mingi na mabe kati na motema, pasi mingi mpe ekozala mpona kozala na motema petee. Soki tozali na ndambo na kanda, lolendo, moyimi, bosembo na biso moko mpe solo oyo tomisalela biso moko, tokozala na kanda mpe makambo kati na motema oyo ekki komata na makambo na pamba.

Ezalaki na mondimi kati na egelesia oyo lifuti na ye na suka na sanza ezalaki na $ 15,000 dollar, mpe na sanza mosusu lifuti na ye ekitaki nan se na momesano. Bongo, ayimakiyimaki likolo na Nzambe. Na sima atubelaki ete azalaki na matondi te mpona makambo mazalaki kokomela ye pamba te azalaki na moyimi.

Tosengelaki kozala na matondi kati na makambo nioso oyo

Nzambe Apesi biso, ata soki tozali kozwa mbongo mingi te. Bongo, moyimi ekokola kati na motema na biso te mpe tokokoka kozwa mapamboli na Nzambe.

Kasi na lolenge tokolongola mabe mpe tokobulisama, ekokoma pasi te mpe pete koleka mpona mpona kokoma na motema petee. Tokokoka kokanga motema kati na kimya ata na makambo na pasi. Tokoka kaka kososola mpe kolimbisa basusu na koluka na kolongola elokomoko te.

Luka 8:15 elobi ete, "Mpona yango kati na mabele malamu, bango bazali ba oyo basili koyoka Liloba mpe babateli yango na motema kitoko mpe baboti mbuma na etingia."

Mingi, ba oyo bazali na motema malamu kitoko lokola mabele kitoko, bakoki kokanga motema kino tango baboti mbuma malamu. Kasi tozali kaka na bosenga na etingia (koyika mpiko) mpe tozali na bosenga na kotia molende mpona kobongola mitema na biso na mabele kitoko. Kobulisama ekoki kokokisama ten a mbala moko mpo kaka tozali na posa na kozwa yango. Tosengeli tomikomisa batosi na solo kati na mabondeli makasi na mitema na biso mibimba mpe kati na kokila. Tosengeli kotika makambo oyo tolingaka kala, mpe soki eloko ezali na litomba moko te kati na molimo, tosengeli kolongola yango. Tosengeli te kotika na katikati to mpe kotika komeka sima na komeka yango mbala na mbala. Kino tango tokobuka mbuma na kobulisama mpenza mpe kino tango tokokokisa oyo eluki biso, tosengeli kosala oyo tosengeli kati na komikanga mpe kosalela Liloba na Nzambe.

Destination na suka mpona kondima na biso ezali bokonzi na lola, mpe mingi mingi, bisika na kitoko eleki, Yelusaleme na Sika. Tosengeli kokoba na kokende nokinoki mpe na motema petee kino tango tokokoma na destination na biso.

Kasi tango mosusu, tomonaka makambo esika wapi bato bakutanaka na kokitisama na mbangu kobulisa mitema na bango sima na bango kobika Bokristu malamu.

Balongolaka misala na mosuni mpo ete mizali masumu miye mitalisamaka na libanda. Kasi mpo ete makambo na mosuni mimonanaka na libanda te, lolenge na bango na kolongola yango ekokitisama. Tango bamoni solo te kati na bango, bakobondela makasi mpona kolongola yango, kasi bakobosana likolo na yango sima na mikolo ebele. Soki bolingi kopikola mosisa, bokokata kaka makasa te, kasi bosengeli mpenza kopikola mosisa. Lolenge moko mpona masumu kati na makila. Bosengeli kobondela mpe kobongola motema kino suka, kino tango bokopikola mosisa na masumu kati na bino.

Na tango nazalaka mondimi na sika, nabondelaka mpona kolongola makambo misusu, mpo ete nasosolaka na tango nazalaka kotanga Biblia eteNzambe Ayinaka bilembo na masumu lokola koyina, kanda, mpe olendo mingi mpenza. Na tango mimikotisakki kati na ngai moko mpenza, nasosolaka ete nakokaki kolongola koyina mpe koyoka mabe te kati na motema. Kasi kati na mabondeli Nzambe Apesaki ngai ngolu na kososola basusu kolandana na ndenge bamimonaka. Nkanda na ngai nioso likolo na bango epanzanaki mpe koyina na ngai elongwaki.

Nayekolaki kokanga motema na lolenge nalongolaki kanda. Na likambo esika wapi nafundamaki na likambo nasalaki te, na coptaki kati na makanisi na ngai, 'moko, mibale, misato, minei...' mpe nakangaki liloba oyo nalingaki koloba. Na ebandeli, ezalaki pasi mpona kokanga kanda na ngai, kasi na lolenge nakobaki komeka, kanda na ngai mpe kosilika ekobaki na kolongwa. Sukasuka, ata kati na situation na kanda makasi, nazalaki na eloko moko te oyo ezalaki kowuta kati na makanisi ma ngai.

Na ndimi ete ezwaki ngai mbula misato mpona kolongola lolendo. Na tango nazalaka moto na sika kati na kondima nasosolaka ata te nini lofundu ezalaki, kasi nabondelaki kaka mpona kolongola yango. Nakobaki na komitala kati na mabondeli.

Lokola lifuti, nakokaki kotosa mpe kokumisa at aba oyo bamonanaki lokola nan se na ngai kati na makambo ebele. Sima, nayaki kosalela bandeko misusu ba Pasteur na ezaleli moko ata soki bazalaki ba oyo batombwama to mpe bawutaki kokoma. Sima na kobondela na motema petee ba mbula misato, nasosolaki ete nazalaki lisusu na elembo moko na lolendo te kati na ngai, kobanda tango wana nasengelaki lisusu kobondela mpona lolendo te.

Soki bopikoli mosisa na masumu te, lisumu wana ekotalisama lisusu kolandana na likambo ekomeli bino. Bokoki kolemba na tango bososoli ete bozali naino na bizaleli na motema oyo ebongwanaka te oyo bokanisaki ete bosi bolongolaki. Bokoki kolemba na kokanisaka ete, 'Namekaki makasi mpona kolongola yango, kasi ezali kaka kati na ngai.'

Bokoki komona bilembo na solo te kati na bino kino tango bokopikola mosisa na masumu, kasi elakisi te ete bokolaki kati na molimo. Tango bokolongola poso na litungulu, bokoki komona baposo na lolenge moko kotalisama. Kasi na lolenge bokokoba na kolongola mpe na kotika te, litungulu ekosila na suka. Ezali lolenge moko na lolenge na masumu. Bosengeli te kolemba kaka mpo ete naino bolongoli yango na mobimba te. Bosengeli na kokanga motema kino suka mpe kokoba na komeka makasi koleka na tango bozali kotala liboso na komimona ete bo mbongwani.

Bato misusu balembaka soki bazwi lipamboli na biloko mbala moko te tango basaleli Liloba na Nzambe. Bakanisi ete bazali kozwa eloko moko te soki kobungisa na tango basali kati na solo. Bato misusu kutu bakomilelaka ete bazali kokota mayangani na bopikiliki kasi bazali kozwa mapamboli na Nzambe te mpo ete bazali naino kosalela bosolo te mpe kolongola makambo oyo Nzambe Asengi na bango balongola te.

Kaka na bango komilelaka etalisi ete batie miso na bango na kondima esika elongobani te. Bokolemba te soki bokosalaka kati na bolamu mpe solo kati na kondima. Koleka lolenge oyo bokosalaka kati na bolamu, lolenge mpe bokomatisa esengo, nde ekomema na bino bolikya lisusu mingi na makambo na bolamu. Na tango bosantisami kati na kondima na lolenge oyo, molimo na bino ekofuluka, makambo nioso kati na bino makotambola malamu, mpe bokozala nzoto malamu.

Lolenge na mibale na motema petee ezali kati na bato.
, Na tango bozali kosangana na bato na kolakisama mpe bizaleli ekesana, bokoki komona makambo kotalisama. Mingimingi, egelesia ezali esika wapi bato na lolenge na lolenge basanganaka. Bongo, kobanda na makambo ma pamba kino na oyo na minene mpe na makasi koleka, bokoki kozala na makanisi mikesana, mpe kimya ekoki kobeba mpe bongo na bongo.

Bongo, bato bakoki koloba ete, "Lolenge na ye na kokanisa ekeseni mingi mpenza na oyo na ngai. Ezali pasi mpona ngai nasala na ye elongo mpo ete tokeseni mingi na bizaleli." Kasi ata kati na mobeli mpe muasi, babalani boni bakozala na ba personalites ekokana? Lolenge na bango na kobika mpe na kolia ekeseni, kasi basengeli na komikaba epai na moko mpe moninga mpona kokokana.

Ba oyo balikyaka kobulisama bakozala na motema petee kati na likambo na lolenge nioso na moto na lolenge nioso mpe bakobatela kimya. Ata na kati na makaambo na pasi mpe na kozangisa kimya, bakomeka komikokanisa na bato misusu. Bakososola tango nioso basusu na motema malamu mpe bakokanga motema na kolukaka lifuti na bato misusu. Ata na tango basusu bazali kosalela bango mabe, bakondima bango kaka. Bakozongisa mabe kaka na bolamu, kasi na mabe te.

Tosengeli mpe kozala na motema petee tango tozali koteya Sango Malamu to kopesa toil na milimo, to tango tozali kolakisa basali kati na egelesia mpona kokokisa Bokonzi na Nzambe. Na tango nazali kosala mosala na Nzambe, namonaka lolenge nini bato mosusu bakombongwanaka malembe mpenza. Na tango bazali kolinga mokili mpe koyokisa Nzambe soni, na tangisaka mpinzoli mingi, kasi natikala kobwakisa bango te. Nandimaka bango kaka mpo ete nazali na elikya ete mokolo moko bakombongwana.

Tango nazali kokolisa basali kati na egelesia nasengeli kozela tango molayi. Nakoki te kaka kopesa mitindo na ba oyo nioso nan se na ngai mpe komema bango na kosala nini elingi ngai. Ata soki nayebi ete likambo ekkokisama na malembe koleka, nakoki te kolongola mosala na basali na egelesia, nakolobaka ete, "Naino okoki te. Olongwe mosala." Ngai nazelaka kaka bango mpe kotambwisa bango kino tango bakokoma na kokoka. Nazelaka bango ba mbula mitano, zomi, to zomi na mitano mpo ete bakoka kozala na makoki na kokokisa misala na bango na nzela na formation na molimo.

Kaka te tango bazali kobota mbuma moko te, kasi mpe lisusu tango bakosalaka makambo mabe, nakozela bango mpo ete bakweya te. Nakokaki kozala pete soki moto mosusu oyo azali na makoki esengeli asala mosala yango mpona bango, to soki moto yango alongwe mpona oyo azali na makoki eleki. Kasi tina mpona nini nazelaka kino suka ezali mpona molimo moko na moko. Ezali mpe mpona kokokisa Bokonzi na Nzambe na kokoka.

Soki boloni nkona na motema petee na lolenge oyo, solo bokozwa mbuma kolandana na bosembo na Nzambe. Ndakisa, soki bokozela milimo misusu kino tango bakombongwana, kobondela mpona bango na main a miso, bokozala na motema monene mpona komema bango nioso. Nde, bokozwa mpifo mpe nguya na kolamusa milimo na bato ebele. Bokozwa nguya na kobongola milimo oyo bozali komema kati na mitema na bino na nzela na libondeli na moyengebene. Lisusu, soki bokokonza motema na bino mpe boloni nkona na molende ata liboso na mafundi na lokuta, Nzambe Akotika ete bobuka mbuma na mapamboli.

Ya misato ezali motema petee na biso kati na boyokani na Nzambe.

.Etalisi motema petee oyo bosengeli kozala na yango kino tango bokozwa eyano na libondeli na bino. Malako 11:24 elobi ete, "Bongo nazali kolobela bino solo ete, biloko nioso bizali bino kobondele mpe kolomba, bondima ete bosili kozua yango mpe ikozala na bino." Tokoki kondima maloba nioso kati na ba buku ntuku motoba na motoba kati na Biblia soki tozali na kondima. Ezali na bilaka na Nzambe eye ekozwa biso nini tozali kolomba, nde bongo tokoki kokokisa nioso kati na libondeli.

Kasi ya solo, elakisi te ete tokoki kaka kobondela mpe tosalaka eloko te. Tosengeli kosalela Liloba na Nzambe na lolenge mpona biso tokoka kozwa eyano. Ndakisa, motangi oyo ba point na ye ezalaka na katikati na bato na kelasi na ye abondeli mpona kokoma motangi wa yambo. Kasi amesana na kidiba kati na kelasi na ye mpe atangaka te. Bongo akokoka solo kokoma motangi wa yambo na kelasi na ye ? Asengeli kotanga makasi na tango azali kobondela makasi mpo été Nzambe Asunga ye mpona kokoma wa yambo kati na kelasi na ye.

Na lolenge moko mpona kosala bombongo. Bozali kobondela makasi mpona bomgongo na bino emata, kasi posa na bino ezali kozala na ndako mosusu, kotkota kati na bombongo na ba ndako, mpe kozwa motuka na motuya mingi. Bokokoka solo kozwa eyano na mabondeli na bino? Ya solo, Nzambe Alingi bana na Ye babika bomoi kati na bofuluki, kasi Nzambe Akoki kosepela ten a mabondeli oyo epesami mpona kosepelisa moyimi na moto. Kasi soki bolingi kozwa mapamboli mpona kosunga ba oyo na bosenga mpe mpona misala na ba missionaire, mpe soki bozali kolanda nzela esengeli na kosalaka eloko moko kati na bosembo, Nzambe

Akotambwisa bino solo na nzela na mapamboli.

Ezali na bilaka mingi kati na Biblia oyo Nzambe Akoyanola ban aba Ye kati na mabondeli. Kasi na makambo mingi bato bazwaka biyano na bango te mpo ete bazali na motema petee na kokoka te. Moto akoki kosenga mpona eyano na ndenge moko, kasi Nzambe akoki tango mosusu koyanola bango na mbala moko te.

Nzambe Ayanolaka bango na tango esengeli penza mpe esengeli mpo ete Ayebi makambo nioso. Soki libondeli na bango ezali kolomba likambo monene mpe na motuya, Nzambe Akoki koyanola bango kaka na tango libondeli na bango ekokisami. Na tango Daniele abondelaka mpona kozwa emoniseli na makambo na molimo, Nzambe Atindaka mwanje na Ye mpona koyanola libondeli na ye kaka na ngonga Daniele abandaki kobondela. Kasi ezwaki tango na mikolo ntuku mibale na moko liboso na Daniele kokutana na muange. Mpona mikolo zomi na moko mana nioso Daniele akobaki na mabondeli na motema moko na molende lolenge abandaki na mabondeli. Soki tondimi solo ete eloko esi epesameli biso, bongo ekozala pasi te mpona kozela kozwa yango. Tokokanisa kaka likolo na esengo oyo tokozala na yango tango eyano esi epesameli biso mpona likambo wana.

Bandimi misusu bakoki kozela te kino tango bakozwa oyo basengaki Nzambe kati na mabondeli. Bakoki kobondela mpe kokila mpona kosenga Nzambe, kasi soki eyano ezali kokoma noki te bakoki kaka kotika na kokanisaka ete Nzambe Akoyanola bango te.

Soki tondimaki solo mpe tobondelaki, tokoki kokoma moto moto te to totika. Toyebi te tango nini eyano ekoya: Lobi, nab utu na lelo, sima na libondeli ekoya, to sima na mbula moko. Nambe Ayebi tango esengeli mpenza mpona kopesa eyano.

Yacobo 1:6-8 elobi ete "Kasi alomba na kondima, abeta tembe te mpo ete oyo akobetaka ntembe azali lokola mbonge na mai kopusama na mopepe mpe kotambola tambola epai na epai. Moto na motindo na yango abanza te ete akozwa eloko epai na Nkolo; ye mobali na mitema mibale na kolemalema na bitambweli na ye nioso."

Eloko moko na motuya ezali boni ngwi tondimaka tango tobondeli. Soki solo tondimaka ete tosi tozwi eyano, tokobondela mpe tokosala na kondima kino tango mbuma ekopesama na maboko na biso. Lisusu, na tango tokoleka na nzela mikakatano na motema to minyoko na tango tokosalaka mosala na Nzambe, tokoka kobota mbuma na bolamu kaka na nzela na motema petee.

Motema petee na ba tata na kondima

Ekozala na ba ngonga na kokoso tango marathon ekimamaka. Mpe esengo na kosilisa momekano yango sima na kolonga ba ngonga yango na ba kokoso ekozala mpemza monene, ekoki kososolama kaka na ba oyo baleka wana. Bana na Nzambe na solo, ba oyo bazali kokima mbango na kondima bakoki mpe kokutana na ba kokoso na tango na tango, kasi bakoki kolonga eloko nioso nioso na kotalelaka Yesu Christu. Nzambe Akopesa bango ngolu na Ye mpe makasi, mpe Molimo Mosantu Akosunga mpe bango.

Baebele 12:1-2 elobi ete, "Na bongo mpona biso, awa ezingameli biso na lipata monene boye na batatoli, tolongola bipekiseli nioso mpe masumu mazali kokanga biso topota mbango na etingia na emekaneli na mbango etiami liboso na biso. Awa ezali biso kotala Yesu Ye Mobandisi mpe Mosukisi na kondima. Mpona esengo etiami liboso na Ye, Ayikelaki ekuklusu mpiko, Atioli nsoni na yanngo mpe Azali kofanda na loboko na mobali nan a kiti na bokonzi na Nzambe."

Yesu Anyokwamaki makasi na kotiolama eoai na bikelamo na Ye kino tango Akokisaki mokano na Lobiko. Kasi mpo ete Ayebaki ete Akofanda na loboko na mobali na kiti na bokonzi na Nzambe mpe ete lobiko ekopesamela bato, akangaki motema kino suka na koboya kotala soni na mosuni. Sima na nioso, Akufaki na ekulusu na komema masumu na bato nioso, kasi Asekwaki na mokolo na misato mpona kofungola nzela na lobiko. Nzambe Atiaki Yesu lokola Mokonzi na Bakonzi mpe Nkolo na ba Nkolo mpo ete Atosaki kino kufa na bolingo kati na kondima.

Yakobo Azalaki koko na Abalayama mpe Akomaki tata na ekolo na Yisalele. Azalaki na motema na molende. Akamataki bokulutu na ndeko na ye mobali Esau na kokosa ye, mpe akimaki na Alana. Azwaki elaka na Nzambe na Betel.

Genese 28:13-15 elobi ete, "...Mokili oyo ozali kolala na yango Nakopesa yango nay o mpe na libota nay o. Libota nay o ekozala lokola mputulu na mokili mpe okopalangana epai na kolimwa nan tango mpe epai na ebimelo nan tango mpe epai na likolo mpe epai na ngele, mpe mabota nioso na mokili bakopambolama kati na yo mpe na libota na yo. Yakobo akangaki motema ba mbula ntuku mibale kati na momekano na ye mpe solo na suka akomaki tata na Yisalele nioso.

Yosefe azalaki muana na zomi na moko na Yakobo, mpe azwaki ye moko bolingo nioso na tata na ye kati na ba ndeko na ye mibali nioso. Mokolo moko atekamaki lokola moumbo na maboko na bandeko na ye moko. Akomaki moumbo na mboka mopaya, kasi ayokaki motema pasi te. Asalaki oyo esengelaki ye kosala kati na mosala na ye mpe andimamaki epai na mokonzi na ye mpona bosembo na ye. Mosala na ye ebongaki na koleka na tango asengelaki kokamba makambo nioso kati na ndako na mokonzi na ye, kasi afundamaki na solo te mpe abwakamaki na boloko na bato na politike. Ezalaki momekano moko sima na mosusu.

Ya solo, bitape nioso mizalaki ngolu na Nzambe na nzela na kobongisa ye mpona kokoma ministre way ambo na Ejipito. Kasi moto moko te ayebaki yango soko Nzambe. Kasi, ata bongo, Yosefe alembaki tea ta na kati na boloko, mpo ete azalaki na kondima mpe andimelaki bilaka na Nzambe oyo epesamelaki ye wuta bomwana na ye. Andimaki ete Nzambe Akokokisa ndoto na ye wapi moi sanza mpe minzoto zomi na moko kati na mapata mingumbamelaki ye, mpe aningisamaki ten a likambo nioso. Andimelaki mpenza Nzambe, mpe akangaki motema kati na makambo nioso mpe alandaki nzela malamu kolandana na Liloba na Nzambe. Kondima na ye ezalaki kondima na solo.

Boni soki bozalaki na esika moko? Bokoki kokanisa nini ayokaki mpona ba mbula zomi na misato wuta atekamaka lokola moumbo? Bokobondela solo mingi mpenza liboso na Nzambe mpona kobima libanda na likambo yango. Bokomitala mpenza kati na bino mpe bokotubela na makambo nioso bokanisi, mpona kozwa eyano na Nzambe. Bokosenga ngolu na Nzambe na mpinzoli ebele mpe maloba na mpiko. Mpe soki bozwi eyano te sima na mbula moko, mibale, mpe ata zomi, kasi bozali kaka kozinda kati na makambo na pasi eleki, lolenge nini bokoyoka?

Akoyaka boloko na ba mbula na makasi koleka kati na bomoi na ye mpe lolenge amonaki mikolo koleka na pamba asengelaki komiyoka mpenza moto na pasi soki azalaka na kondima oyo azalaki na yango te. Soki abanzaka bomoi na ye na motuya kati na ndako na tata na ye asengelaki komiyoka mabe na koleka. Kasi Yosefe atielaki Nzame elikya Ye oyo Azalaki kotala ye, mpe andimelaki mpenza bolingo na Nzambe oyo Apesaka ya motuya na tango esengeli. Atikala kobungisa elikya tea ta na mimekano makasi koleka, mpe asalaki na bosembo mpe bolamu na motema petee kino tango ndoto na ye ekokisamaki.

Dawidi andimamaki mpe epai na Nzambe lokola moto na lolenge na motema na Nzambe. Kasi ata na tango apokolamaki mafuta lokola mokonzi nakoya, asengelaki koleka na nzela na mimekano ebele kobakisa kolandama epai na mokonzi Saulo. Akutanaki na makama makasi pene na liwa. Kasi na kokangaka motema na ba makambo mana nioso kati na kondima akomaka mokonzi monene oyo akokaki kokonza Yisalele mobimba. Yakobo 1:3-4 elobi ete," ...boyebi ete komekama na kondima na bino ekoyeisa mpiko.tika mpe ete mpiko ekokisa mosala na yango nye ete bozala basembwi mpe babongi kozanga eloko te." Nasenge mpenza na bino ete bokolisa motema petee oyo na kokoka. Yango ekokolisa kondima na bino mpe eyeisa monene mpe mozindo motema na bino mpona kokomisa yango na kokomela. Bokokutana na mapamboli mpe biyano na Nzambe oyo Alakaka soki bokokisi motema petee na kokoka (Baebele 10:36).

Motema petee mpona kokende na bokonzi na Lola

Tozali na bosenga na motema petee mpona kokende na bokonzi na Lola. Basusu balobaka ete bakosepela mokili na tango bango bazali bilenge mpe bakobanda kokende egelesia tango bakomi mibange. Basusu bakobikaka bomoi na mpiko kati na kondima na elikya na kozonga na Nkolo, nde sima bakobungisa motema petee mpe bakobongola makanisi. Mpo ete Nkolo Azali kozonga ten a lombango lolenge bango bakanisaki, bakoyoka ete ezali pasi mingi mpona kokoba kozala na mpiko kati na kondima. Bakolobaka ete basengeli kopema na kokataka ngenga na motema na bango mpe na kosalaka mosala na Nzambe, nde na tango bango bakoka komona elembo na bozongi na Nkolo, nde bakomeka makasi koleka.

Kasi moto moko te ayebi tango Nzambe akobenga molimo na biso, to tango Nkolo Akoya. Ata soki tokoka koyeba ngonga wana na liboso, tokoki te kozala na kondima kaka lolenge elingi biso. Moto akoki te kaka kozala na kondima na molimo mpona kozwa lobiko na lolenge balingi. Epesamaka kaka na ngolu na Nzambe. Moyini zabolo mpe Satana bakotika kaka bango bazwa lobiko na bo pete nioso. Lisusu soki bozali na elikya na kokende Yelusaleme na Sika na Lola, bokoka kosala makambo nioso na motema petee.

Nzembo 126:5-6 elobi ete, "Ba oyo bakokonaka na mpinzoli bakobuka na konganga na esengo. Ye oyo atamboli na kolela mpe anati nkona mpona kolona, akobuta solo na konganga na esengo mpe akonata mbuma na ye." Wana esengeli solo makasi na biso, mpinzoli, mpe kolela na tango tozali kolona nkona mpe kokolisa yango. Tango misusu, mbula oyo esengeli ekonoka te, to mpe mipepe makasi mpe ba mbonge makoki kobebisa ba nkona. Kasi na suka na yango, tokozala solo na esengo na konata mbuma kolandana na mibeko na bosembo.

Nzambe Azelaka mbula koto moko lokola mokolo moko mpona kozwa bana solosolo mpe Akangaka motema mpe na pasi na motema Abonza Muana na Ye se Moko mpona biso. Nkolo Andimaka pasi na ekulusu, mpe Molimo Mosantu mpe lokola Amilelaka na maloba tokoki kososola ten a tango na bokoli na baton a nse na moi. Nakolikya ete bokokolisa na kokoka, motema petee na molimo, na kobanzaka bolingo oyo na Nzambe mpo ete bozala na ba mbuma na mapamboli na mokili oyo mpe na Lola.

Mibeko Kotelemela Makambo Yango Izali Te

Luka 6:36

"Zala na mawa pelamoko Tata na bino azali na mawa."

Chapitre 6

Boboto

Kososola mpe kolimbisa basusu na mbuma na boboto
Kozala na bosenga na motema mpe bizaleli lokola oyo na Nkolo
Kolongola mabe basala yo mpona kozala na boboto
Mawa mpona ba oyo na mikakatano
Bozala noki mpona kolakisa bosuki na bato te
Bozala na maboko pete na bato nioso
Bopesa lokumu epai na bato nioso

Boboto

Tango na tango bato balobaka ete bakoki kososola moto songolo tea ta soki bamekaki kosalela yango, to mpe ata soki bamekaki kolimbisa moto, bakoki te kosalela yanga. Kasi soki toboti mbuma na bolamu kati na motema na biso, ezali na eloko moko te oyo tokoka kososola te mpe ekozala na moto moko te tokoki kolimbisa te. Tokozala na makoki na kososola moto na lolenge nioso na bolamu mpe kondima moto na lolenge nioso na bolingo. Tokoloba te ete tolingaka moto moko mpo ete mpona tina moko boye mpe tolingaka mosusu te mpona tina mosusu. Tokolinga te to mpe tokoyina moto moko te. Tokozala mpe na koboya to mpe na kokangela moto kanda na motema te mpe kobakisa kozala na binemi te.

Kososola mpe kolimbisa basusu na mbuma na boboto

Boboto ezali likabo to lolenge na kozala malamu. Kasi limbola na molimo na boboto ezali lokola ekokani na mawa. Mpe, limbola na molimo na mawa ezali kososola kati na solo at aba oyo bakoki na kososolama soko moke ten a bato." Ezali mpe motema oyo ekoki kokimbisa kati na solo at aba oyo bakoki na kolimbisama na bato te. Nzambe Atalisaka bolamu epai na baton a motema na mawa.

Nzembo 130:3 elobi ete, "E Yawe, soki Yo Okotala bokesene, e Nkolo, nani akotelema?" "Lolenge ekomama, soki Nzambe Azalaka na maw ate mpe Asambisaka biso kolandana na bosembo, moto moko te akokoka kotelema liboso na Nzambe. Kasi Nzambe Alimbisaki mpe Andimaki ata ba oyo bakokaki ata kolimbisama te to mpe kondimama soki bosembo etiami mpenza mpenza. Lisusu, Nzambe Apesa bomoi na Muana na Ye se moko na likinda mpona kobikisa bato na lolenge oyo na kufa na seko.

Wuta tokomi bana na Nzambe na kondimelaka Nkolo, Nzambe Alingi biso tokolisa motema oyo na mawa. Mpona tina oyo, Nzambe Aloba kati na Luka 6:36 ete, "Zala na mawa pelamoko Tata na bino Azali na mawa."

Mawa oyo izali mwa lolenge moko na bolingo kasi izali mpe kokesana na ba lolenge mingi. Bolingo na molimo ezali kokoka komikaba mbeka mpona bato misusu na motuya moko te itiama likolo na yango. Na tango mawa ezali mingi likolo na kolimbisa mpe na kondima bato. Mingimingi, ezali kokoka kondima mpe koyamba eloko nioso kati na moto mpe kososola ye mabe te to mpe koyina ye te ata soki akoki te mpona kozwa bolingo. Bokoyina to mpe bokokima moto te kaka mpo ete makanisi maye makesani na oto na bino, kasi kutu bokokoma makasi mpe malamu mpona ye. Soki bozali na moto na motema mpona kondima basusu, bokotalisa masumu mpe mabe bango basalaki te kasi bokobomba yango mpe bokondima bango mpo ete bokoka kozala na boyokani kitoko na bango.

Ezalaki na likambo oyo etalisaki motema oyo na mawa na makasi mingi. Mokolo moko Yesu Abondelaki butu mobimba na Ngomba na Olivier mpe ayaki na Tempelo na tongo. Bato mingi basanganaki na lolenge Ye Afandaki, mpe mobulu ebimaki na tango Azalaki koteya Liloba na Nzambe. Ezalaki na bakomi mpe Bafalisai kati na bato oyo bamemaki mwasi moko liboso na Yesu. Azalaki kolenga na kobanga.

"Bayebisaki Yesu ete mwasi akangemaki na likambo na ekobo, mpe batunaki Ye nini esengeli na bango kosala ye pamba te Mobeko elobi ete muasi na lolenge oyo asengeli kokufa na kobolama mabanga. Soki Yesu Alobelaki bango ete babamba ye mabanga, elingaki kokesana na malakisi na Ye na koloba ete,"Linga banguna nay o." Kasi soki Ayebisaka bango ete ba limbisa, ezalaki kobuka Mobeko. Emonanaki lokola Yesu Atiamaki kati na likambo na pasi mingi. Bongo, Yesu Akomaki kaka makambo moko na mabele mpe Alobaki lolenge ekomama kati na Yoane 8:7, ete "…Atelemi mpe Alobi na bango ete,'Tika ete ye oyo azangi lisumu kati na bino abwakela ye libanga liboso." Bato batutamaki kati na mitema na bango mpe balongwaki moko na moko. Bongo etikalaki kaka Yesu na Mwasi.

Na Yoane 8:11 Yesu Alobeli ye ete, "Ngai mpe Nakokitisa yo te. Kenda mpe longwa sasaipi sala lisumu lisusu te." Nakoloba ngai mpe nakitisi yo te," elakisi ete Alimbisaki ye. Yesu Alimbisaki mwasi oyo akokaki kolimbisama te mpe Apesaki ye libaku malamu na kolongwa na masumu ma ye. Yango ezali motema na mawa.

Koluka kozala na motema mpe bizaleli lolenge na oyo na Nkolo

Mawa ezali kolimbisa solo mpe koolinga ata bayini. Kaka lolenge mama alandelaka bebe na ye aboti, tokondima mpe tokoyamba bato nioso. Ata tango bato bazali na ba mbeba minene ata soki basalaki masumu minene, tokozala yambo na mawa esika na kosambisa mpe kokatela bango. Tokoyina masumu, kasi basumuki te; tokososola moto yango mpe komeka kotika ye abika.

Toloba ete ezali na muana na nzoto mike makasi oyo amesana kobela. Lolenge nini mama akoyoka mpona ye? Akomilela te mpona nini abotama lolenge wana mpe pona nini azali kopesa ye pasi mingi. Akoyina muana te mpo été abotama bongo. Akozala kutu na bolingo mingi mpe mawa epai na ye koleka bana misusu oyo bazali na nzoto makasi.

Ezalaki na mama oyo muana na ye mobali azalaki kizengi.

Kino tango akokisaki mbula ntuku mibale mbula na bongo na ye ezalaki ya mwana mbula mibale, nde mama akokaki te kolongola miso likolo na ye. Ata bongo, atikala kokanisa te ete ezalaki pasi mpona kokamba muana na ye mobali. Ayokaki kaka bolingo mpe malamu mpona muana na ye mobali na tango akokambaka ye. Soki toboti mbuma oyo na mawa na kokoka, tokozala na mawa kaka mpona bana na biso moko te kasi mpona moto nioso.

Yesu Ateyaki Sango Malamu na bokonzi na Lola na tango na mosala na Ye o nse. Ebele na balandi na Ye bazalaki bazwi mpe baton a mpifo te; kasi ba oyo bazalaki babola, babwakami, to ba oyo bato bamonaki lokola basumuki, lokola bafutisi pako to mpe bandumba.

Ezalaki lolenge moko tango Yesu Aponaka Bayekoli ba Ye. Bato bakoki kokanisa ete ekokaki kozala bwanya kopona bayekoli epai na ba oyo bameseneki na Mobeko na Nzambe, mpo ete ekozala pasi te mpona koyekolisa bango Liloba na Nzambe. Kasi Yesu Aponaki baton a lolenge oyo te. Lokola bayekoli ba Ye Aponaki Matai, oyo azalaka mofutisi mpako; mpe Petelo, Andele, Yakobo, mpe Yoane ba wana bazalaki balobi mbisi.

Yesu Abikisaki mpe ba bokono na lolenge na lolenge. Mokolo moko, Abikisaka moto oyo azalaka kobela ba mbula ntuku misato na mwambe mpe azalaka kozela koningana na main a liziba na Bethesda. Azalaki kobika kati na pasi na elikya moko ten a kobika, kasi moto moko te atielaki ye miso. Kasi Yesu Ayaki epai na ye mpe atunaki ye ete, "Yo Olingi kokoma malamu?" mpe Abikisaki ye.

Yesu Abikisaki mpe muasi oyo azalaki kotanga makila mpona ba mbula zomi na mibale. Afungolaki miso na Bartimee, oyo azalaki mokufi miso molombi (Matai 9:20-22; Malako 10:46-52).

Na nzela na Ye mpona engomba na kombo na nain, Amonaki muasi mokufeli mobali oyo muana na ye se moko na mobali akufaki. Ayokelaki ye mawa mpe Asekwisaki muana mokufi (Luka 7:11-15). Lisusu na oyo, Asungaki ba oyo bazalaki nan se na mitungisi. Akomaki moninga na babwakami lokola mpe bakamati na mpako mpe basumuki.

Bato misusu batongaki Ye mpo ete Azalaki kolia ba basumuki, na kolobaka ete, "Mpona nini Molakisi na bino azali kolia esika moko na bakongoli na mpako mpe na baton a masumu?" (Matai 9:11) Kasi tango Yesu Ayoki yango alobaki ete, "Ba oyo na nzoto makasi bazali na bosenga na monganga te, bobele bango bazali na malali. Bokenda koyekola ntina na oyo ete, 'Nalingi mawa, Nalingi mbeka te,' pamba te Nayei kobianga bayengebene te kasi baton a masumu" (Matai 9:12-13).

Yesu Ayaki kaka mpona bazwi mpe na bayengebene te kasi mingi mpona babola mpe babeli, mpe baton a masumu. Tokoki nokinoki kobota mbuma na mawa na tango tolandi motema oyo mpe misala na Yesu. Sasaipi tika tozinda kati na oyo tosengeli kosala mingi mingi kobota mbuma na mawa.

Kolongola mabe basali biso mpona kozala na boboto

Bato na mokili bamesana kosambisa baton a lolenge bamonani na miso. Lolenge na bango na kozala na bato embongwanaka kolandana na lolenge nini bamonaka bango bazwi to mpe bakenda sango. Bana na Nzambe basengeli kosambisa bato na lolenge bamoni bango te to mpe kobongola bizaleli na bango na motema kaka mpona oyo emonani na miso. Tosengeli kolandela ata bana mike at aba oyo bamonani lokola na nse na biso lokola baleki biso mpe kosalela bango na motema na Nkolo.

Yakobo 2:1-4 elobi ete, "Bandeko na ngai, bozala na kondima epai na Nkolo na biso, Yesu Kristu na nkembo, na koponapona bato te. Pamba te soko moto ayingeli na eyanganalo na bino oyo alatii lopete na wolo na mosapi mpe alati bilamba kitoko mpe nsima mobola aingeli na bilamba bibebi; nde soki bokoyambi oyo alati bilamba kitoko, koloba ete, 'Yo fanda awa na esika malamu, nde bokoloba na mobola ete, 'Yo telema wana, soko ete, 'Okoki kofanda na nse awa na makolo na ngai,' bozali kokatakata na mitema na bino mpenza te? Bozali kosambisa na makinisi mabe mpe te?

Lisusu, 1 Petelo 1:17 elobi ete, "Soko bokobiangaka ye Tata oyo Akosambisa na koponapona bato te, nde pelamoko mosala na moto na moto, bolekisa ntango na kofanda na bino awa na nsomo."

Soki toboti mbuma na mawa, tokosambisa te soko kokatela basusu na lolenge bamonani na miso. Tosengeli mpe kotala soki tosalaka basusu mabe to mpe toponakaponaka na molimo. Ezali na bato misusu ba oyo bazali malembe mpona kososola makambo na molimo. Basusu bazalaka na bozangi na nzoto, nde bakoki koloba to mpe kosala makambo mazali libanda kati na situation mosusu. Nde basusu bakosalaka makambo lolenge na bizaleli na Nkolo.

Tango bokomona to mpe bokosangana na baton a lolenge wana, boyoka kati na bino koswa na motema te? Botikala kotala bango pamba te to mpe boluka kokima bango na lolenge moko te? Bomemela basusu nsoni na maloba na bino na bozangi bizaleli malamu te?

Lisusu, bato misusu balobelaka mpe bakatelaka bato misusu lokola bazalaki na ebonga na zuzi tango moto yango asali lisumu. Tango muasi oyo asalaki ekobo amemamaki epai na Yesu, bato mingi batalisaki mosapi epai na ye na kosambisa mpe kokatela. Kasi Yesu Akatelaki ye te kasi Apesaki ye nzela na lobiko. Soki bozali na motema oyo na mawa, nde bokozala na bolingo mpona ba oyo bazali kozwa etumbu likolo na masumu na bango, mpe bokolikya ete bakolonga.

Mawa mpona ba oyo na mikakatano

Soki tozali baton a mawa, tokozala na bolingo mpona ba oyo bazali kati na mikakatano mpe tokosepela kosunga bango. Tokoyoka kaka maw ate kati na mitema na biso mpona bango nakolobaka ete. "Kanga motema mpe zwa makasi!" kaka na bibebo na biso. Tokopesa bango solo mwa lisungi.

1 Yoane 3:17-18 elobi ete, "Nde soko moto nani oyo azali na biloko na mokili, amoni ndeko na ye na kozanga mpe akangeli ye motema na ye, bolingo na Nzambe eumeli kati na ye boni? Bana bolingana na bolingo na maloba te, soko na monoko te kasi na bolingo na misala mpe na solo." Lisusu, Yakobo 2:15-16 elobi ete, "Soko ndeko mobali to ndeko mwasi azali bolumbu, mpe na bosenga na bilei na mokolo na mokolo, mpe moko na bino alobi na ye bongo ete, bokende na kimya, boyoka moto, botonda; nde bopesi bango yango ezangi bango na nzoto te, wapi litomba?"

Bosengeli kokanisa te ete, 'Ezali mawa ete azali kokufa nzala, kasi nakoki solo kosalela ye eloko te mpo ete nazali kaka na oyo esengeli mpona ngai moko.' Soki solo bokoyokaka mawa na motema na solo, bokoki kokabola to ata kopesa ndambo na bino. Soko moto akanisi ete likambo na ye esali ete asunga mosusu te, akokoka mpeza mpe te kosunga bato misusu ata soki akomi na mbongo.

Yango etali kaka makambo na mosuni te. Tango bomoni moto oyo azali konyokwama na likambo songolo, bosengeli koluka kosunga mpe kokabola mawa na moto yango. Yango ezali mawa. Mingimingi, bosengeli kosalela ba oyo bazali kokweya na Lifelo mpo ete bandimela Nkolo te. Bokomeka oyo esengeli bino mpona kotambwisa bango na nzela na lobiko.

Na egelesia Manmin Centrale, wuta ebandeli na yango, ezalaki na misala makasi na nguya na Nzambe. Kasi nakobaka na kosenga nguya eleki likolo mpe na komikaba mpona kotalisa nguya yango. Ezali mpo ete naniokwamaka na bobola ngai moko, mpe nalekekaka pasi na kobungisa elikya likolo na bokono. Na tango namonaka bato oyo banyokwamaka na makambo wana, nayokaka ba pasi na bango lokola oyo na ngai moko, mpe nalingaka kosunga bango na lolenge esengeli.

Ezali posa na ngai ete nasilisa makambo na bango mpe nabikisa bango na etumbu na Lifelo mpe namema bango na Lola. Kasi boni ngai moko nakokoka kosunga bato ebele boye? Eyano nazwaki mpona yango ezali nguya na Nzambe. Ata soki nakoki kosilisa makambo nioso na bobola, bokono, mpe makambo mingi na bato nioso te, nakoki kosunga bango bakutana mpe bayeba Nzambe. Yango tina nazali komeka kotalisa nguya makasi koleka na Nzambe, mpo ete bato mingi bakoka kokutana mpe komona Nzambe.

Ya solo, kotalisa nguya ezali kosilisa makambo na lobiko te. Ata soki bayaka kozwa kondima na komonaka nguya, tosengeli kolandela bango na nzoto mpe na molimo kino tango batelemi ngwi kati na kondima. Yango tina nasalaka yango esengeli ngai mpona kopesa lisungi epai na bazanga ata tango egelesia na biso ezalaki na kokoso na misolo. Ezalaki wana nde bakokaki kotambola na nzela na Lola na makasi eleki. Masese 19 :7 elobi été, "Ye oyo azali koyokela babola mawa azalai kodefisa Yawe ; akozongisela ye lisungi malamu na ye lisusu. » Soki bokolandela milimo na motema na Nkolo, Nzambe Akozongisela bino solo na mapamboli.

Bozala noki te mpona kotalisa mabe na basusu

Soki tokolingaka moto, to sengela tango mosusu kopesa ye toil to mpe kopamela ye. Soki baboti bakopamela bana na bango soko moke te kasi bazali tango nioso kolimbisa bango mpo ete balingaka bana na bango, bana wana bakobebisama. Kasi soki tozali na mawa tokoki nokinoki te kopesa etumbu, kopamela, to mpe kotalisa kosuka. Tango topesi kaka liloba na toil, tokosala yango na makanisi na mabondeli mpe na malamu mpona motema na moto yango. Masese 12:18 elobi ete, "Moto azali ye oyo akoloba lokola koswama na mbeli; nde lolemo na baton a mayele ezali na bomoi." Mingi basali na Nzambe mpe bakambi ba oyo balakisaka bandimi basengeli kobatela maloba mana.

Bokoki koloba na pete ete, "Ozali na motema ezangi solo kati na yo, mpe yango esepelisaka Nzambe te. Bozali na bosuki oyo mpe wana, mpe bolingamaka epai na basusu te mpona yango." Ata soki oyo bozali koloba ezali solo, soki bozali kotalisa mabe kolandana na bosembo na bino moko to mpe solo bokosalelaka mabe na kozanga bolingo, ekopesa bomoi te. Basusu bakombongwana lokola lifuti na toli wana te. Kutu, motema na bango ekotutisama mpe bakolemba mpe bakobungisa makasi.

Tango na tango, bandimi misusu kati na egelesia basengaka ete ngai natalisa malamu te kati na bango mpo ete bakoka kombongwana. Bongo, soki nabanzi mpeza kotalisa eloko, bakokata malona na ngai mpona komilongisa kolandana na makanisi na bango, nde nakoka solo kopesa toli te.kopesa ata ndambo na toli ezali mosala moke te. Mpona ngonga wana, bakoki kondima yango na matondi, kasi soki babungisi kotondisama na Molimo, moto moko te ayebi oyo ekosalema kati na motema na bango.

Tango mosusu, nasengeli kotalisa makambo mpona kokokisa Bokonzi na Nzambe to mpe komema bato na kozwa eyano na makambo na bango. Natalaka lolenge na elongi na bango na makanisi na mabondeli, nakolikya ete bakobeta libaku te to mpe bakolemba te.

Ya solo, na tango Yesu Apamelaki Bafalisai mpe balakisi na Mibeko na maloba makasi, bakokaki kondima maloba ma ye te, Yesu Azalaki kopesa bango libaku mpo ete ata moko kati na bango akoka kotubela. Lisusu, mpo ete bazalaki balakisi na bato, Yesu alingaki ete bato baya na bososoli mpe bakweisama kati na lokuta na bango te.

Libanda na makambo oyo, bosengeli te koloba maloba oyo ekoki kozokisa basusu to mpe kobomba masumu na bango te mpo été bakweisama. Tango bosengeli kopesa toli mpo ete yango esengeli mpenza, bosengeli kosala yango na bolingo, na kokanisaka kolandana na makanisi na bango na bolingo mpona molimo wana.

Bozala na boboto epai na bato nioso

Bato mingi bakoki kopesa na bolamu oyo bazali na yango na lolenge bakoki na ba oyo balingi. Ata ba oyo maboko makasi bakoki kodefisa to mpe kokaba na basusu soki bayebi ete bakoki kozwa eloko na kozongisa, Na Luka 6:32 elobi ete, "Soko mpe bokolingaka balingi na bino, bozali na libonza nini? Mpo ete bato na masumu balingaka balingi na bango." Tokoki kobota ba mbuma na mawa na tango tokoki komikaba biso moko na koluka eloko ezangisamela biso te.

Yesu Ayebaka wuta ebandeli ete Yudasi akotekisa Ye, kasi Asalelaki ye lolenge moko na bayekoli basusu. Apesaki ye mabaku malamu na mbala na mbala mpo ete akoka na kotubela. Ata na tango azalaki kobakama na ekulusu, Yesu Abondelaka mpona ba oyo bazalaki kobaka Ye. Luka 23 :34 elobi ete, "Tata limbisa bango; bazali koyeba nini bazali kosala te." Oyo ezali mawa na oyo tokoki kolimbisa ba oyo bakoki na kolimbisama soki moke te.

Kati na buku na Misala, tokoki komona Setefano mpe kozala na mbuma oyo na mawa. Azalaki ntoma te, kasi atondisamaki na ngolu mpe nguya na Nzambe. Bilembo mpe bikamwiseli minene misalemaki na nzela na ye. Ba oyo balingaki likambo oyo te balukaki kotelemela ye, kasi na tango ayanolaki na bwanya na Nzambe kati na Molimo Mosantu, bakokaki kozongisa te. Elobi ete bato bamonaki elongi na ye, mpe yango ezalaki lokola mwanje (Misala 6:15).

Bayuda bafundamaki kati na mitema na koyoka mateya na Setefano, mpe bamemaki ye libanda na engomba mpe babolaki ye mabanga. Ata na tango azalaki kokufa, abondelaki mpona ba oyo bazalaki kobamba ye mabanga na koloba ete, "Nkolo, tangelo bango lisumu oyo te!" (Misala 7:60) Oyo etalisi biso ete asi alimbisaki bango. Azalaki na koyina te mpona bango, kasi azalaki kaka na mbuma na mawa na koyokela bango mawa. Setefano akokaki kotalisa misala minene oyo mpo ete azalaki na motema na lolenge oyo.

Bongo, lolenge nini bokolisi motema na lolenge oyo? Bongo ezali na moto oyo bolingaka te to moto moko oyo azali na boyokani malamu ten a bino? Bosengeli kondima mpe koyamba basusu ata soki bizaleli na bango mpe makanisi mandimami na bino te. Bosengeli liboso kokanisa kolandana na makanisi na moto yango. Nde, bokoki kobongola sentiment na koboya moto yango. Soki bokokanisa kaka ete, 'Mpona nini asalaka bongo? Nakoka soko moko te kososola ye,' nde, bokozala kaka na sentiment mabe mpe bokozala na koyoka malamu ten a tango bomoni ye. Kasi soki bokoki kokanisa ete, 'ah, na esika na ye akoki kosala lolenge oyo,' nde, bokokoka kolongola sentiment na kolinga ye te. Sasaipi, bokoyoka mawa likolo na moto yango, oyo moto akoki kosala, mpe bokobondela mpona ye.

Na lolenge bokobongola makanisi na bino na lolenge oyo, bokoki kopikola koyina mpe bizaleli mabe misusu moko na moko. Soki bokobatela bizaleli oyo bokotelemela na moto makasi na bino, bokokoka kondima basusu te. Lolenge moko mpe bokokoka kopikola koyina to koyoka mabe kati na bino. Bosengeli kolongola bosembo na bino moko mpe bobongola makanisi na bino mpo ete bokoka kondima mpe kosalela moto na lolenge nioso.

Kopesa lokumu epai na bato misusu

Mpona kobota mbuma na mawa, tosengeli kopesa lokumu epai na basusu na tango eloko esalemi malamu, mp tosengeli kondima Pamela na tango eloko esalemi mabe. Na tango moto mosusu andimami na nioso mpe akumusami koleka ata soki bosalaki elongo, bokoki kaka kosepela elongo na ye lokola ezalaki esengo na bino moko. Bokozala na koyoka nkanka moko ten a kikanisala ete bozalaki mosala mingi koleka mpe moto yango akumisami ata soki asuka na makambo mingi. Bokopesa na matondi na kokanisaka ete akoki kozala na confiance mingi mpe asala makasi kolela sima na kokumusama epai na basusu.

Soki mama asali eloko elongo na muana na ye, mpe soki kaka muana nde azwi libonza, mama akoyoka ndenge nini? Ekozala na mama moko te oyo akomilela na kolobaka eteasungaki muana na ye asalala na ndenge esengeli mpe azwi libonza moko te. Lisusu, ezali malamu mpona mama ayoka epai na bato misusu ete azali kitoko, kasi akozala na esengo na koleka soki basusu balobi ete muana na ye ya muasi azali kitoko.

Soki tozali na mbuma na mawa, tokoka kotia moto nioso likolo na biso mpe kopesa mbano epai na ye. Mpe tokosepela elongo na ye lokola biso moko tokumisamaki. Mawa ezalaka lolenge na Nzambe Tata oyo Atondisama na mawa mpe na bolingo. Kaka maw ate, kasi moko na moko na ba mbuma na Molimo Mosantu ezali mpe motema na Nzambe Mokoki. Bolingo, Esengo, Kimya, Motema petee, mizali lolenge na lolenge na motema na Nzambe.

Na bongo, mpona komema mbuma na Molimo Mosantu elakisi ete tosengeli kobunda mpona kozala na motema na Nzambe kati na biso mpe kokokisama lokola Nzambe Akoka. lolenge Kotela na ba mbuma ekomata kati na bino, bolingo mpe ekomata kati na bino, mpe Nzambe Akokoka te kokanga bolingo na Ye mpona bino. Akosepela mpona bino nakolobaka ete bozali ban aba Ye mibali mpe na basi ba oyo bakokani mingi na Ye. Soki bokomi bana na Nzambe ba oyo basepelisaka Ye mingi, bokoka kozwa eloko nioso bokosenga kati na mabondeli, mpe ata makambo bokomemaka kati na motema na bino, Nzambe Ayebi yango mpe Akoyanola bino. Nakolikya ete bino nioso bokomema mpenza mpenza ba mbuma na Molimo Mosantu mpe bosepelisa Nzambe na makambo nioso, mpo ete mapamboli na bino esopana mpe bosepela na lokumu monene kati na Bokonzi na Lola lokola muana akokani mpenza na Nzambe.

Mibeko kotelemela makambo yango izali te

Bafilipi 2:5

"Bokanisa kati na bino yango ekanisaki Kristu Yesu."

Chapitre 7

Bolamu

Mbuma na bolamu
Koluka bolamu kolandana na ba mposa na Molimo Mosantu
Kopona bolamu kati na makambo nioso lolenge na Mosamalia malamu
Koswana te to kobeta tolo na likambo moko te
Kobuka lititi litutami te to mpe kozimisa lotambo liziki moke moke te
Nguya na kolanda bolamu kati na solo

Bolamu

Butu moko, elenge mobali na bilamba malamu te akendaki kotala babalani mibange mpona ndako na kofutela. Bango bayokelaki ye mawa mpe bapesaki ndako epai na ye mpona kofutela. Kasi elenge mobali oyo akendeke mosala te, kasi kaka kolekisa mikolo na ye na komela masanga. Na likambo na lolenge eye bato mingi bakoluka kotia ye libanda na kokanisaka ete asengeli soko te kofuta suka na sanza. Kasi bakolo oyo bapesaki ye bileli na tango na tango mpe bapesaki ye makasi na koteyaka ye Sango Malamu. Atutisamaki na misala na bango na bolingo, mpo ete bazalaki kosalela ye lokola muana na bango moko. Ayaki sukasuka kondimela Yesu Christu mpe akomaki moto na sika.

Mbuma na bolamu

Kolinga ata babwakami to baton a nse makasi na mbokka kino suka na kolembeke bango te ezali bolamu. Mbuma na bolamu ebotamaka kaka te kati na motema kasi etalisamaka na misala lokola na lisolo na babalani bakolo.

Soki toboti mbuma na bolamu, tokopesa solo na malasi na Christu epai nioso. Bato penepene na biso bakosimbama na kotalaka misala na biso malamu mpe bakopesa nkembo na Nzambe.

""Bolamu" ezali likabo na kozala malamu, motema malamu, mpe bizaleli malamu. Kasi na molimo, ezali motema eye elukaka bolamu kati na Molimo Mosantu, oyo ezali bolamu kati na solo. Soki solo tokobota mbuma oyo na bolamu, tokozala na motema na Nkolo oyo ezali petwa mpe na mbeba moko te.

Tango misusu, at aba oyo bandimela te mpe bayamba naino Molimo Mosantu te balandaka bolamu kati na bomoi na bango na lolenge moko boye. Baton a mokili basosolaka mpe basambisaka kolandana na lolenge soki likambo ezali malamu to mabe kolandana na mitema na bango. Na bozangi na kozala na kotutisama kati na motema, baton a mokili bakanisaka ete bazali malamu mpe na bosembo. Kasi motema na moto na moto ikesana. Kososola bolamu lokola mbuma na Molimo, tosengeli naino kososola mitema na bato(conscience).

Koluka bolamu kolandana na ba mposa na Molimo Mosantu

Bandimi ya sika misusu bakoki kosambisa mateya kolandana na mayele na bango moko mpe motema, nakolobaka ete, "Eloko elobami ekikani na makambo nayebi te." Kasi na lolenge bango bakokola kati na kondima mpe bakoyekola Liloba na Nzambe, bakoya na bososoli ete lolenge na bango na kosambisa elongobani te.

Conscience ezali lolenge na kososola kati namalamu mpe mabe, oyo efandisami na moboko na lolenge na moto na moto. Lolenge na moto elandaka energie na bomoi nini ye abotama na yango mpe esika nini ye akolisama. Bana oyo bazwaka energie malamu na bomoi bazalaka na mwa bizaleli malamu. Mpe lisusu bato oyo bakolisami na bisika malamu, na komonaka mpe koyokaka makambo mingi malamu, babotaka conscience malamu. Na loboko mosusu, soki moto abotami na mabe mingi kati na ye wuta na baboti na ye mpe akutani na makambo mingi na mabe, lolenge mpe motema na ye ekokoma solo mabe.

Ndakisa, bana oyo balakisama kosala na bosolo bakozala na kobanga na motema na tango bazali koloba lokuta. Kasi bana oyo bakolisami kati na baton a lokuta bakomona ete esengeli kokosa. Bakokanisa ata te ete bazali kobuka lokuta. Na kokanisa ete ezali malamu kobuka lokuta, mitema na bango mibebisami na mabe mingi mpenza ete bazali ata na kotutisama na motema te mpona yango.

Lisusu, ata soki bana bakolisami na baboti moko kati na esika moko, bakondimaka makambo na ba ndenge ekeseni. Bana misusu batosaka kaka baboti na bango na tango basusu bazalaka na ba posa makasi mingi mpe batosaka mpenza te. Nde bongo, ata soki bandeko bakolisami na baboti moko, mitema na bango mikosalema na kokesana.

Mitema mikosalema na kokesana kolandana na ba valeur social to economique bisika wapi bakoleli. Mboka na mboka ezalaka na ba valeur ekesana, mpe lolenge na ba mbuma 100 eleka, mbula 50 eleka, mpe na oyo na lelo mikesana nioso. Ndakisa, na tango bameseneke kozala na baumbo, bakanisaka te ete ezali mabe kobeta baumbo mpe kosalisa bango na makasi. Lisusu, kaka ba mbula ntuku misato mileki, ekokaki kondimama te ete mwasi atalisa eteni na nzoto na ye na etando na bato nioso. Lolenge etalisama, conscience (motema) ekesanaka kolandana na moto, esika, mpe tango. Ba oyo bakanisaka été bazali kolanda motema na bango bakolandaka oyo bango bakanisi malamu. Kasi, bakoki te kolobama été bazali kosala na bosolo eleki.

Kasi biso ba oyo tozali bandimi na Nzambe tozali epimeli moko na oyo tozali kososola kati na malamu mpe mabe. Tozali na Liloba na Nzambe lokola epimeli. Epimeli yango ezali lolenge moko, lobi, lelo, mpe libela. Bolamu na molimo ezali kozala na solo oyo lokola conscience na biso mpe tolanda yango. Ezali bosenga na kolanda posa na Molimo Mosantu mpe koluka bolamu. Kasi kaka kozala na posa na kolanda bolamu, tokoki koloba te été toboti mbuma na bolamu. Tokoki koloba été toboti mbuma kaka soki posa wanaya kolanda bolamu etalisami mpe etiami na misala.

Matai 12:35 elobi ete, "Moto malamu akobimisaka makambo makamu wuta na ebombelo malamu na ye." Masese 22; 11 mpe elobi ete, "Ye oyo alingi mpeto na motema mokonzi akozala elongo na ye mpona ngolu na bibebo na ye." Lolenge makomi na likolo etalisi, ba oyo bakolukaka solo bolamu bakozala solo na misala malamu oyo ekoki komonana na miso. Bisika nioso bakokende mpe moto nioso oyo bakokutana na bango, bakotalisa boboto mpe bolingo na maloba malamu mpe misala. Kaka lolenge na moto oyo etie malasi akobimisa solo malamu, ba oyo ba bolamu bakobimisa malasi na Christu. Bato misusu balikyaka na kokolisa motema malamu, nde balandaka bato na molimo mpe balukaka kozala baninga na bango. Basepelaka koyoka mpe koyekola solo. Basimbamaka na bopete mpe bakitisaka mpinzoli ebele mpe lokola. Kasi bakoki kokolisa motema malamu te kaka mpo ete baliki yango. Sokibayoki mpe bayekoli likambo, basengeli kokolisa yango kati na motema na bango mpe solo kosalela yango. Ndakisa, soki bolingaka kaka kozala zingazinga bato malamu mpe bokimaka ba oyo bazali malamu te, ezali solo kolikya mpona bolamu ?

Ezali na makambo na koyekola epai na ba oyo bazali ata malamu te. Ata soki bokoki koyekola eloko epai na bango te, bokoki kozwa malakisi kati na bomoi na bango. Soki ezali na moto oyo azali motomoto, bokoki koyekola ete nakozalaka motomoto amesana koswana mpe kobebana na batp. Na bososoli oyo bokoyekola mpona nini bosengeli te kozala na ezaleli eye. Soki bokobatela bo moninga kaka na ba oyo bazali malamu, bokoka koyekola ten a bokeseni na makambo bokomona to mpe koyoka. Ezalaka tango nioso na makambo na koyekola na baton a lolenge nioso. Bokoki kokanisa ete bozali kolikya mingi mpona bolamu, mpe koyekola mpe kosossola makambo mingi, kasi bosengeli komitala soki bozali bozango misala na komatisa bolamu.

Bopona bolamu kati na makambo nioso lokola Mosamalia malamu

Kobanda esika oyo kino likolo, tika ete totala na mozindo na nini bolamu na molimo ezali, oyo ezali kolanda bolamu kati na solo mpe kati na Molimo Mosantu. Ya solo, bolamu na molimo ezali likambo na monene. Lolenge na Nzambe ezali bolamu, mpe bolamu yango etalisami kati na Bilia. Kasi makomi wapi tokoki koyoka mpenza solo na bolamu malamu ezali kati na Bafilipi 2 :1-4 : "Boye soko Kristo Alendisi bino, soko Abondisi bino kati na bolingo, soko bosangani kati na Molimo, soko bozali na boboto, soko mawa, botondisa esengo na ngai ete bokanisa nzela moko, bozalana na bolingo moko, bosangana na motema moko mpe na lobanzo moko. Bosala likambo moko mpona elulela soko mpona lolendo te kasi, awa ezali bino na kosokema, botala bamosusu ete baleki bino. Moto na moto atala bobele makambo na ye moko te, kasi makambo na basusu mpe lokola.

Moto oyo aboti bolamu na molimo alikyaka bolamu na Nkolo, nde akosungaka ata misala oyo andimeli mpenza te. Moto na lolenge wana azali na komikitisa mpe azalaka na lolenge na pamba te mpona kondimama to komonana na miso na bato. Ata soki basusu bazali na bozwi to mpe na mayele na lolenge na ye te, akoki kopesa bango respect kowuta na motema na ye mpe kokoma solo moninga na bango.

Ata soki basusu bazali kopesa ye pasi na tin ate, akondima bango kaka na bolingo. Akosalela bango mpe akomikitisa, nde akoki kozala na kimya na moto nioso. Akosala kaka mosala na ye kati na bosembo te kasi mpe kolandela misala na bato misusu mpe lokola. Na Luka chapitre 10, tozali na lisese na Mosamalia Malamu.

Moto ayibamaki na tango na mobembo longwa Yelusalema kino Yeliko. Miyibi balongolaki ye bilamba mpe batikaki ye pene na kufa. Nganga Nzambe azalaki koleka wana mpe amonaki lolenge nini alingaki kokufa, kasi ye alekaki pembeni. Molewi mpe lokola amonaki ye, kasi ye mpe alekaki kaka mpamba. Nganga Nzambe na Molewi bazali ba oyo bayebi Liloba na Nzambe mpe bazali kosalela Nzambe. Bayebi Mobeko malamu koleka moto nioso. Bazalaka mpe na komimatisa na lolenge nini basalelaka

Nzambe malamu.

Tango basengelaki kolanda mokano na Nzambe batalisaki bizaleli oyo esengelaki na bango kotalisa. Ya solo, bakokaki koloba ete bazalaki malamu bakokaki kosunga ye te. Kasi soki bazalaki na bolamu, bakokaki kaka koleka moto yango te ye oyo azalaki mpenza na bosenga na lisungi na bango.

Na sima, Mosamalia azalaki koleka wana mpe amonaki ye oyo ayibamaki. Mosamalia oyo ayokelaki ye mawa mpe azipaki ba pota na ye. Amemaki ye likolo na mpunda na ye mpe amemaki ye na hospice mpe asengaki na mokengeli na hospice ete alandela ye.

Mokolo elandi, apesaki na mokengeli na hospice ba Denali mibale mpe alakaki ete na kozonga na ye akofuta oyo etikalaki na kobakisa.

Soki Mosamalia azalaka na makanisi na moyimi, akokaki kozala na tina moko te ya kosala oyo esalaki ye. Ye mpe azalaki na makambo na kosala, mpe akokaki kobungisa ngonga mpe misolo ma ye soki amikotisaka na makambo na moto oyo ayebaki kutu te. Lisusu, akokaki kaka kopesa ye lisungi nay ambo, kasi asengelaki kosenga na mokengeli na hospice te ete alandela ye na elaka ete akobakisa misolo oyo esengelaki.

Kasi mpo ete azalaki na bolamu, akokaki kaka kobwakisa moto oyo azalaki kokufa te. Ata soki alingaki kobungisa misolo mpe tango na ye, mpe ata soki azalaki na yakosala, akokaki kaka te koleka moto oyo azalaki mpenza na bosenga na lisungi na ye. Na tango akokaki kosunga moto yango ye moko te, asengaki na moto mosusu asunga ye. Soki ye mpe alekaka ye mpona makambo matali ye moko, na mikolo ekoya Mosamalia oyo alingaki kozala na kilo na likambo oyo kati na motema na ye.

Alingaki kokoba na komituna mpe na komipamela na kokanisaka ete, 'Nazali komituna nini ekomelaki moto wana oyo azokaki. Nakokaki kobikisa ye ata soki nalingaki kobungisa. Nzambe Azalaki kotalela ngai mpe lolenge nini nakokaki kosala bongo?' Bolamu na Molimo ezali kokoka te kofandisa likambo na motema soki toponi nzela na bolamu te. Ata na kokanisa été moto alingi kokosa biso, tokopona bolamu na makambo nioso.

Boswana te to mpe bobeta tolo ten a likambo nioso

Makomi mosusu oyo ezali kososolisa biso bolamu molimo ezali Matai 12:19-21. Verset 19 elobi ete, "Akowelana te, akonganga te, motoakoyoka mongongo na ye kati na balabala te." Elandi, verset 20 elobi ete, "Akobuka lititi litutami te, Akozimisa lotambe loziki mokemoke te; kino ekosila Ye kosambisa sembo."

Oyo etali bolamu na molimo na Yesu. Na tango na mosala na Ye, Yesu Azalaka na likambo moko te to koswa na na moto moko te.wuta bomwana atosaka Liloba na Nzambe, mpe na tango na mosala na Ye, Asalaka kaka makambo malamu, koteyaka Sango malamu na bokonzi na Lola mpe kobikisa babeli. Ata bongo, bato mabe bamekaki Ye na maloba kilikili mpona komeka koboma Ye.

Tango nioso, Yesu Ayebaka makanisi na bango mabe kasi Ayinaki bango te. Atikaka kaka bango basosola mokano na solo na Nzambe. Na tango bakokaki kososola yango mpenza te, Aswanisaki bango te nde Alongwaki kaka na bango. Ata na tango mituna etunamelaki ye liboso na kobakama na ekulusu, aswanaki soko komilongisa te.

Na lolenge toleki etape na moto na sika kati nan kondima na biso na Bakristu, toyekolaka Liloba na Nzambe na lolenge moko. Tokomatisa kaka mongongo na biso bongo te to mpe tokotalisa nkanda na biso boye te mpo kaka toyokani na likambo te. Kasi koswana mpe ezali kaka kotombola mongongo te. Soki tozali na makambo na moto kti na biso mpo ete toyokanaki te, ezali koswana. Tolobi ete ezali koswana mpo ete kimya na motema elongwa.

Soki ezali na koswana kati na motema, tina ezwamaka kati na

moto ye moko. Ezali te mpo ete moto azali kopesa biso kokoso. Ezali mpo ete bazali kosala na lolenge biso tokanisi malamu te. Ezali mpo ete motema na biso ezali moke mingi mpona kondima bango, mpe ezali mpo ete tozali na lolenge na kokanisa sembo te oyo ememaka bison a kotutanaka mitu na makambo mingi.

Eteni na koton sembesembe ekoyokisa mongongo moko te tango eloko etuti yango. Ata soki toningisi kopo oyo ezali na mai petwa mpe kitko, mai yango ekotikala petwa mpe malamu. Ezali lolenge moko na motema na moto. Soki kimya na motema ekweyi mpe sentiment mabe emonani na likambo songolo, ezali mpo ete mabe ezali naino kati na motema.

Elobama ete Yesu Atombolaki mongongo te, nde, pona nini bato misusu bangangaka? Ezali mpo ete balingi komitalisa mpe komimatisa. Batombolaka mongongo mpo ete balingi koyebana mpe basalela bango epai na bato misusu.

Yesu Atalisaki misala makasi mingi eye lokola kosekwisa bawe mpe kofungola miso na bakufi miso. Kasi, Azalaki kaka na komikitisa. Lisusu, ata na tango bato basekaki Ye na tango Abakamaki na ekulusu, Atosaka kaka mokano na Nzambe kino kufa, mpo ete Azalaki na ntina moko na komitalisa oyo Azalaki te (Bafilipi 2:5-8). Elobama mpe ete moko te akokaki koyoka mongongo na Ye na ba nzela. Elakisi biso ete bizalleli na Ye mizalaki na kokoka. Azalaki na kokoka kati na etamboli na Ye, ezzaleli, mpe lolenge na koloba. Bolamu na ye makasi, komikitisa, mpe bolingo na molimo miye mizalaki nan se kati na motema na Ye mitalisamaki na libanda.

Soki tokobota mbuma na bolamu na moolimo, tokozala na kowelana soko likambo na moto telolenge moko Nkolo na biso Azalaki na kowelana te. Tokolobela mbeba mpe kosuka na bato misusu t. Tokoluka mpe komitombola to mpe komilakisa te kati na bato. Ata soki tonyokwami na tina te, tokoyimayima te.

Kobuka lititi litutami so to mpe kozimisa lotambe eziki mokemoke te

Na tango tozali kokolisa nzete to ndunda, soki mizali na makasa mitutama to mpe bitape, na momesano tokokata yango. Lisusu, na tango lotambe ekozimama, mwinda engenganka te, mpe ebimisaka milinga. Bongo, bato bakozima kaka yango. Kasi ba oyo bazali na bolamu na molimo 'bakobuka lititi litutami te to mpe kozima lotambe loziki te'. Soki ezali na moke na elikya na lobiko, bakoka te kokata bomoi wana mpe bakomeka kofungola nzela na bomoi mpona basusu.

Awa, lititi litutami elakisi ba oyo batondisami na masumu mpe mabe na mokili oyo. Lotambe loziki etalisi ba oyo mitema na bango ebebisami na mabe ete pole na milema na bango elingi kokufa. Ezali mpenza pasi ete ba oyo bazali lokola lititi litutami to mpe lotambe loziki bandimelo Nkolo. Ata soki bandimeli Nzambe, misala na bango mikeseni te na oyo na bapagano. Batioalaka ata Molimo Mosantu to kotelemela Nzambe. Na tango na Yesu, ezalaki na ebela ba oyo bandimelaki Yesu te. Mpe ata soki bamonaki misala mingi na nguya, bakobaki na kotelemela misala na Molimo Mosantu. Ata bongo, Yesu Atalaki bango na kondima kino suka mpe Afungolelaki bango nzela na kozwa Lobiko.

Lelo, ata kati na ba egelesia, ezali na bato ebele ba oyo bazali lokola lititi etutami mpe lotambe liziki. Bakobengaka Nkolo, Nkolo' na bibebo na bango kasi bakokoba kobika kati na masumu. Basusu kati na bango bazali kutu kotelemela Nzambe. Na kondima na bango elemba, bakokweya na mimekano mpe bakotika koya na egelesia. Sima na kosala makambo mayebami lokola mabe kati na egelesia, bakoyoka soni makasi mpe bakolongwa lingomba. Soki tozali na bolamu, tosengeli naino kopesa bango maboko.

Bato misusu balingaka kolingama mpe kondimama kati na

egelesia, kasi na tango yango esalemi te, mabe kati na bango ekotalisama na miso. Bakoyekela ba oyo balingami na bandimi likunia mpe na ba oyo bazali kokende liboso kati na kondima, mpe bakoloba mabe mpona bango. Batiaka motema na eloko moko te soki likanisi ewuti epai na bango te, mpe bakomeka komona mabe kati na misala yango.

Ata na makambo mana, ba oyo bazali na mbuma na bolamu na molimo bakondima baton a lolenge wana baye bakotalisaka mabe na bango na miso na bato. Balukaka kososola te nani azali malamu to mabe, mpe na sima kolongola bango. Bakosimba mpe koningisa mitema na bango na kosalelaka bango na bolamu na motema na solo.

Bato misusu basengaka na ngai natalisa identité na bango ba oyo bayaka na egelesia na ba posa na lolenge oyo. Balobaka ete nakosalaka boye bandimi kati na lingomba bakokosama te mpe bato na lolenge oyo bakotikalaka koya kati na egelesia soko moko te. Solo, kotalisa ba kombo na bango ekoki kopetola egelesia, kasi soni na lolenge nini mpona bandeko na libota na bango to ba oyo bamemaka bango na egelesia? Soki tolingi kolongola bandimi na egelesia mpona ba tina ekeseni, bato mingi ten de bakotikala na egelesia. Ezali moko na mosala na egelesia kobongola ata bato mabe mpe komema bango na Bokonzi na Lola.

Ya solo, bato misusu bakobaka na kotalisa mabe eleki, mpe bakokweya na nzela na kufa ata soki totalisi bango bolamu. Kasi ata na makambo wana, tokokata kaka mondelo te mpona koyika na biso mpiko mpe kobwakisa bango soki baleki mondelo wana. Ezali bolamu na molimo komeka kopesa na bango nzela mpona koliuka bomoi na molimo na kolemba bango te kino suka.

Masango na makasa na yango ekomonanaka lokola ezali lolenge moko kasi makasa mazalaka polele na kati. Sima na kobuka, moloni akosangisa masango kati na ebombelo mpe akozikisa makasa. To mpe akosalela yango lokola fumier. Kati na egelesia ezali mpe na masango mpe makasa na pamba mpe lokola. Na libanda, moto nioso akoki komonana lokola azali mondimi, kasi ezali na masango ba oyo batosaka Liloba na Nzambe na tango mpe ezali na makasi na pamba ba oyo balandaka mabe.

Kasi kaka lolenge moko moloni azelaka kino kobuka, Nzambe na bolingo Azelaka kino suka ba oyo bazali lokola matiti mabe mpo ete ba mbongwana. Kino mokolo na suka ekokoma, tosengeli kopesa libaku malamu na moto nioso mpo ete abikisama mpe totalela moto nioso na miso na kondima, na kokolisaka bolamu na molimo kati na biso.

Nguya na kolanda bolamu kati na solo

Bokoki kobulunganisa makanisi na lolenge nini bolamu na molimo ekesana na ba lolenge misusu na molimo. Mingi mingi, na lisese na Mosamalia malamu, eloko asalaki ekoki kobengama lokola kosunga na likanisi mpe na mawa; mpe soki tokoswanaka te mpe kotombola mongongo, na bongo nde tokoki kozala na kimya mpe na komikitisa. Bongo, makamba mana nioso mazali na lolenge na bolamu na molimo?

Ya solo, bolingo, kokaba na motema, mawa, kimya, mpe komikitisa yango nioso ezali kati na bolamu. Lolenge etalisami likolo, bolamu ezali lolenge na Nzambe mpe ezali likambo moko monene mingi. Kasi lolenge mpenza na bolamu na molimo ezali posa na kolanda bolamu na lolenge oyo mpe makasi na kosalela yango solo. Mayele ezali kati na mawa na koyekela basusu maw ate to mpe mosala na kosunga bango yango moko te. Mayele ezali likolo na bolamu na oyo Mosamalia akokaki kaka koleka ten a tango asengelaki kozala na mawa.

Lisusu, koswana te to mpe kolobaka lobaka te izali eteni na komikitisa. Kasi lolenge na bolamu na molimo mpona makambo eye ezali ete tokoki te kokweyisa kimya mpo ete tozali kolanda bolamu na molimo. Bisika na konganga mpe na koluka na kondimama, tozali na bosenga na komikitisa mpo ete tozali kolanda bolamu oyo.

Nakoluka kozala sembo, soki bozali na mbuma oyo na bolamu, bokozala sembo kaka na eloko moko te kasi mpe na ndako mobimba na Nzambe. Soki bokosala malamu te moko na misala na bino, eloki kosala na moto moko oyo anyokwami likolo na yango. Bokonzi na Nzambe ekoki mpe kokokisama te lolenge esengelaki. Nde, soki bozali na bolamu kati na bino, bokoyoka malamu te likolo na makambo oyo nioso. Boki mpe te kaka kobwakisa yango, nde bookmeka kozala sembo na ndako mobimba na Nzambe. Bokoki kosalela makambo niso oyo kati na ba lolenge misusu na molimo.

Ba oyo bazali mabe bakoyoka malamu kati na bango te soki basali mabe te. Na lolenge oyo bazali na mabe, bakoyoka malamu kaka sima na bango kobimisa mabe wana, Mpona ba oyo bazalaka na bizaleli na kokata basusu na tango bazali koloba, bakoka te komikamba soki bamikotisi kati na masolo na bato misusu te. Ata soki bazali kozokisa sentiment na bato misusu to mpe kopesa bango kokoso, bakoki kozwa kimya na bango moko kaka sima na bango kokokisa oyo balingaki. Ata bongo, soki bakobanza mpe bakokoba na komeka mpona kolongola bizaleli na bango mabe mpe makambo oyo ekokanaka na Liloba na Nzambe te, bakokoka kolongola mingi na yango. Kasi soki bazali komekka te mpe bakotika kaka, bakotikala lolenge moko ata sima na mbula zomi to ntuku mibale.

Kasi mpona baton a bolamu ezali bokeseni. Soki bakolanda bolamu te, bakozala na koyoka malamu te mingi kati na bango koleka tango babungisi eloko, mpe bakobanda kokanisa yango mbala na mbala. Nde, ata soki banyokwami kozanga, bakoluka kosala basusu mabe te. Ata soki bamini yango malamu te, bakomeka kobatela mibeko.

Tokoki koyoka motema na lolenge yango na oyo Ntoma Polo

alobaki. Azalaki na kondima na kolia nyama, kasi soki yango ekokaki kobbetiisa moto mosusu libaku, alingaki te kolia nyama mpona tango etikalaki na ye kobika. Na lolenge moko, soki nini bakoki kosepela ekoki komema nkaka epai na bato misusu, bato na bolamu bakosepela na yango te mpe bakoyoka kutu malamu été batika yango mpona bolamu na basusu. Bakoki te kosala likambo oyo ekoyokisa bamosusu soni ; mpe, bakosala soko te elikambo oyo ekomema Molimo Mosantu kati na bango amilela.

Lolenge moko, soki bokolanda bolamu kati na makambo nioso, elakisi ete bozali kobota mbuma na bolamu na molimo. Soki boboti mbuma na bolamu na molimo, bokozala na bizaleli na Nkolo. Bokosala eloko moko te oyo ekomema ata oyo ya moke kokweya. Bokozala na bolamu mpe na komikitisa na libanda mpe lokola. Botosama na kozala na lolenge na Nkolo, mpe ezaleli mpe elobeli na bino ikozala nioso na kokoka. Bokozala kitoko na miso na moto nioso, nakobimisaka solo malasi na Christu.

Matai 5:15-16 elobi ete, "...Bakobambola mwinda te mpona kotia yango nan se na Mbeki, kasi bakotia yango likolo na etelemeli ete engengela nioso ba oyo bazali na ndako. Tika ete pole na bino engenga liboso na bato ete bamona misala na bino malamu, mpe ete bakumisa Tata na bino oyo Azali na Lola. Lisusu, 2 Bakolinti 2:15 elobi ete, "Pamba te tozali nsolo malamu na Kristu epai na Nzambe kati na baoyo bazali kobika mpe, mpe kati na bango bazali kobungana." Na boye, nakolikya ete bokopesa nkembo epai na Nzambe na makambo nioso na kobotaka nokinoki mbuma na bolamu na molimo mpe na kobimisa solo malasi na Kristu kati na mokili.

Mituya 12: 7-8

"Oyo azali sembo na ndako na ngai mobimba;

Nakosololaka na ye na miso na ye polele,

, Na mabombami te,

Mpe ye akotalaka elilingi na YAWE."

Mibeko na kotelemela makambo yango izali te

Chapitre 8

Bosembo

Mpona bosembo na biso mpona kondimama
Kosala koleka mosala epesameli biso
Kozala na sembo kati na solo
Kosala kolandana na mokano na mokonzi.
Kozala sembo na ndako mobimba na Nzambe
Molende mpona bokonzi na Nzambe mpe bosembo

Bosembo

Moto azalaki kokende mobembo na mboka mopaya. Na tango azalaki na mobembo esengelaki na moto alandela biloko na ye, nde apesaki mosala oyo epai na basali na ye misato. Kolandana na makoki na bango apesaki na moko talanta moko, na mosusu talanta mibale, mpe talanta mitanio na oyo ya suka. Mosali oyo azwaki talanta mitano akendaki na kosalela yango bombongo mpe ebotaki talanta mitano. Mosali oyo epesamelaki na ye talanta mibale ekendeki mpe komatisa talanta mibale koleka. Kasi oyo na talanta kaka moko akundaki yango na mabele mpe afulikisaki yago soko te.

Mokonzi akumisaki mosali oyo afulikisaki ba talanta mibale mpe mitano na koleka mpe apesaki bango lifuti, nakolobaka "Malamu, moumbo malamu mpe na sembo" (Matai 25:21). Kasi apamelaki mosali oyo akundaki talanta moko na kolobaka ete, "Ee moombo mabe mpe na goigoi" (v. 26).

Nzambe Apesaka biso mpe misala ebele kolandana na ba talanta na biso, nde tokoki kosalela Ye. Kaka soki tokokisi mosala na bison a makasi na biso nioso mpe tomemi lifuti na Bokonzi na Nzambe, tokoki kondimama lokola mosali malamu mpe na sembo.

Mpona bosembo na biso mpona kondimama

Dictionaire kolimbola 'bosembo' ezali qualite na koyika mpiko na affection mpe na komipesa epai na moto, to ngwi mpona elaka to mpe mpona kokokisa mosala'. Ata kati na mokili, batalaka baton a sembo lokola likolo mpona kozala bato oyo batielaka motema.

Kasi lolenge na sembo oyo endimamaka na Nzambe ekesana na oyo na baton a mokili. Kaka na kokokisa mosala na biso mpenza kati na misala ekoki te kozala bosembo na molimo. Lisusu, soki tokotia makasi na biso nioso mpe ata bomoi na bison a esika moko, ezali bosembo na kokoka te. Soki tokokisaka mosala na biso lokola mwasi, mama, to mobali, yango ekoki kobengama bosembo? Ezali kaka ete tosali oyo esengelaki na biso kosala.

Ba oyo bazali sembo na molimo bazali mituya kati na bokonzi na Nzambe mpe babimisaka solo na malasi. Babimisaka solo na motema oyo embongwanaka te, malasi na botosi oyo embongwanaka te. Moto akoki kokokisa yango na botosi na ngombe oyo asalaka mosala malamu mpe malasi na motema bato bvatielaka motema. Soki tokoka kobimisa malasi na lolenge oyo, Nkolo Akoloba mpe été tozali mpenza na kolingama mpe Akolinga koyamba biso. Ezalaki lolenge moko na Mose.

Bana na Yisalele bazalaka baumbo na Ejipito mpona ba mbula likolo na 4000, mpe Mose azalaki na mosala na komema bango na mabele na Kanana. Alingamaki mingi na Nzambe ete Nzambe Azalaka kosolola na ye elongi na elongi. Azalaki sembo na ndako mobimba na Nzambe mpe akokisaki nioso oyo Nzambe Apeselaki ye mitindo. Atalaki ata makambo nioso oyo asengelaki na kosala. Azalaki koleka sembo na makambo nioso kati na mosala na kokokisa lokola mokambi na Yisalele mpe kozala sembo kati na libota na ye.

Mokolo moko, tata bokilo na Mose, Yetelo, ayaki epai na ye. Mose alobelaki ye likolo na makambo nioso na nkamua Nzambe Asalaki mpona baton a Yisalele. Mokolo elandi, Yetelo amonaki likambo na kokamwa. Bato batiamaki molongo na tongotongo makasi mpona komona Mose. Bamemelaki na Mose bowelana oyo bango bakokaki kokata te kati na bango. Bongo sasaipi Yetelo apesaki likanisi.

Esode 18:21-22 elobi ete, "Pona babali na mayele lokola, na kati na bato nioso, babali bakobangaka Nzambe, bato na solo, bayini na kanyaka. Tia bato boye liboso na bato ete bazala mikonzi na nkoto mpe na nkama mpe na ntuku mitano mpe na zomi. Tika bakata makambo na baton tango nioso, bakoya na makambo minene nioso epai nay o nde bakokata makambo mike bango mpenza.

Boye yango ekozala nay o bozito te mpe bango bakomema yango nay o elongo."

Mose alandaki maloba ma ye. Asosolaki ete tata bokilo na ye alobaki malamu mpe andimaki likanisi na ye. Mose aponaki bato bakoka ba oyo bayina kanyaka mmpe atiaki bango likolo na bato lokola bakambi na nkoto,, mokama, ntuku mitano mmpe na zomi. Basalaki lokola ba zuzi mpona baton a makambo na matali bomoi na mokolo na mokolo mpe makambo mike mpe Mose asambisaki kaka makambo minene.

Moto akoki kobota mbuma na bosembo na tango akokisi misala maye nioso na motema malamu. Mose azalaki sembo na libota na ye mobimba mpe na kosalela bato. Apesaki tango na ye nioso mpe makasi na kosalela bato. Akabolaki tango na ye nioso mpe makasi, mpe mpona yango andimamaki lokola oyo azali sembo na ndako mobimba na Nzambe. Mituya 12:7-8 elobi ete, "Ezali boye na moumbo na ngai Mose te, oyo azali sembo na ndako na ngai mobimba; Nakosololaka na ye na miso na ye polele, na mabombami te, mpe ye akotalaka elilingi na YAWE."

Sasaipi, moto na lolenge nini azali oyo aboti mbuma na bosembo iye indimama na Nzambe?

Kosala koleka mosala epesami

Na tango basali bafutami mpona mosala na bango, tokoloba te ete bazali sembo na tango bakokisi kaka mosala na bango. Tokoki koloba ete basali mosala na bango, kasi basali kaka oyo bafutameli na yango, nde tokoki te koloba ete bazali sembo. Kasi ata kati na basali oyo bafutamaka, ezali na basusu oyo bakosala koleka oyo bafutami na yango. Basalaka yango mpo kaka esengeli te to mpe kaka kokanisa ete basengeli kosala na lolenge bafutami. Bakokisaka mosala na motema na bango mobimba, makasi, mpe molema, na kobonbaka tango na bango to mpe misolo na bango te, na mposa kowuta kati na motema.

Basusu kati na basali na mokolo mobimba na egelesia basalaka koleka oyo epesameli bango. Basalaka sima na ba tango na kosala to mpe na mikolo na congé, mpe tango bazali kosala te, bakokanisaka tango nioso likolo na mosala na bango mpona Nzambe. Bakanisaka tango nioso likolo na nzela na kosalela egelesia malamu na koleka mpe bandimi na kosalaka mingi koleka mosala epesameli bango. Lisusu, bakambaka ba cellules mpona kolandela milimo. Ezali na lolenge oyo nde ezali bosembo mpona kosala koleka oyo epesameli na biso.

Lisusu, na kozwa mòto na mosala, ba oyo bazali kobota mbuma na sembo bakosala koleka oyo esengameli bango kosala. Ndakisa, mpona oyo etali Mose, atiki bomoi na ye na likama tango abondelaka mpona kobikisa bana na Yisalele ba oyo basalaki masumu. Tokoki komona yango na libondeli na ye oyo ezwaki kati na Esode 32:31-33, oyo elobi ete "Ee, bato oyo basali lisumu monene'. Bamisaleli nzambe na wolo. Nde sasaipi soki Olingi kolimbisa lisumu na bango; Kasi soko boye te nabondeli na Yo ete Olongola nkombo na ngai na mokanda na Yo mokomi Yo!"

Na tango Mose Azalaki kokokisa mosala oyo, atosaki kaka ten a misala na kosala nini Nzambe Asengaki na ye kosala. Ye akanisaki te lokola ete, 'Nasali oyo esengelaki na ngai kosala mpona kopesa bango mokano na Nzambe, kasi batikalaki kondima yango te. Nakoki lisusu kosunga bango te.' Azalaki na motema na Nzambe mpe Atambwisaki baton a bolingo na ye nioso mpe makasi. Yango tina, tango bato basalaki masumu, ayokaki lokola ezalaki mbeba na ye moko, mpe alingaki kozwa etumbu mpona yango.

Ezali lolenge moko na ntoma Polo. Baloma 9:3 elobi ete, "Nalingaki ete nalakelama mabe mpe ete natangwa longwa na

Kristu mpona bandeko na ngai ba oyo bazali libota moko na ngai na nzela na nzoto," Kasi ata soki tokoyokaka mpe toyebi likolo na bosembo na ntoma Polo mpe Mose, elakisi solo te ete tokolisi bosembo kati na biso.

Ata ba oyo bazali na kondima mpe bakosala misala na bango bakozala na eloko ekeseni na koloba mbe oyo Mose alobaki soki bazalaka na esika na ye. Mingi mingi, bakoki koloba ete, "Nzambe, nasalaki oyo ekokaki na ngai kosala. Nayoki mawa mpona bato oyo, kasi ngai mpe nabungisi mingi na kokambaka bango." Oyo bango bazali solo koloba ezali ete, "Nazali na konfiance mpo ete nasalaki nioso esengelaki na ngai kosala." To, bakoki komitungisa ete bakozwa Pamela elongo na basusu mpona masumu na bato oyo, ata soki bango moko bazalaki kati na yango te. Motema na bato na lolenge oyo ezali mpenza mosika na kozala sembo.

Ya solo, moto nioso akoki kaka kobondela te ete, "Nasengi na Yo Olimbisa masumu na bango to longola kombo na ngai na buku na Yo na bomoi." Elingi kolakisa kaka ete soki tokobota mbuma na sembo kati na motema na biso, tokoki kaka koloba te ete tozali na mbeba moko te mpona makambo matamboli mabe. Liboso na biso tokanisa ete tosalaki oyo esengelaki na biso kosala kati na misala na biso, tokokanisa naino likolo na motema na lolenge nini tozalaki na yango na tango misala mipesamelaki biso mpona mbala liboso.

Lisusu, tosengeli naino kokanisa mpona bolingo mpe mawa na Nzambe mpona milimo mpe ete Nzambe Alingi te ete babebisama ata soki Alobi ete Akopesa bango etumbu mpona masumu na bango. Bongo, libondeli na lolenge nini tokopesa epai na Nzambe? Tokoloba solo na nse na mitema na biso ete, "Nzambe, ezali mbeba na ngai. Ezalaki ngai oyo natambolisaki bango malamu te. Pesa bango lisusu libaku malamu mosusu mpona bolingo na Yo mpona ngai."

Ezali lolenge moko mpona makambo misusu. Ba oyo bazali

sembo bakoloba kaka te ete, "Nasali oyo ekoki," kasi bakosala na koleka na motema na bango nioso. Na 2 Bakolinti 12:15 Polo Alobi ete, "Na esengo, nakobimisa nioso izali na ngai mpe nakobimisa mpona milimo na bino. Soki ngai naleki kolinga bino, bokolinga ngai bobele moke boye?

Mingimingi, Polo atindikamaki te mpona kosunga milimo to mpe asalaki yango mpona kosala te. Azalaki na esengo monene na kokokisa mosala ma ye yango tina alobaka ete akobimisa nioso mpona milimo misusu.

Amikabaki ye moko lisusu mpe lisusu na komipesa mpenza mpona milimo misusu. Na lolenge na Polo, ezali sembo na solo soki tokoki kokokisa mosala na biso na koleka na esengo mpe bolingo.

Kozala sembo kati na solo

Toloba ete moto akoti kati na lisanga mabe mpe akabi bomoi na ye epai na mopao na lisanga. Nzambe Akolobela ye été azali sembo? Soko te! Nzambe Akondima bosembo na biso kaka soki sembo kati na bolamu mpe solo.

Lolenge Bakristu bakotambwisa boKristu na bango kati na kondima, ekopesamela bango misala ebele. Na makambo misusu bakomeka kokokisa misala na bango na ebandeli na bopikiliki, kasi bakotika yango sima na ba tango. Makanisi na bango ekoki kokamatama na kokomisa bombongo na bango monene. Bakoki kobungisa bopikiliki na bango mpona mosala na bango mpona mikakatano na bomoi to mpo ete balingi kokima konyokolama kowuta na basusu. Pona nini makanisi na bango makobongolama lolenge oyo? Ezali mpo ete babwakisaki bosembo na molimo na tango bazalaki kosalela bokonzi na Nzambe.

Bosembo na molimo ezali kokata ngenga na mitema na biso. Ezali kokoba na kosokola elamba na motema na biso. Ezali kolongola masumu na lolenge nioso, solo te, mabe, bozangi bosembo, makambo na pamba, mpe molili mpe tokoma babulisami. Emoniseli 2:10 elobi ete, "zala sembo kino kufa mpe nakopesa yo montole na bomoi." Awa, kozala sembo kino kufa elakisi kaka te ete tosengeli kosala makasi mpe na bosembo kino kufa na biso na nzoto. Elakisi mpe ete tosengeli komeka kokokisa Liloba na Nzambe kati na Biblia na kokoka na bomoi na biso mobimba.

Mpona kokokisa bosembo na molimo, tosengeli naino kobunda na masumu na esika na kotangisa makila mpe kobatela mibeko na Nzambe. Eloko nay ambo ezali kolongola mabe, masumu, mpe solo te nioso oyo Nzambe Ayinaki mingi. Soki tozali kaka kosala makasi na mosuni na kokataka ngenga na motema na biso te, tokoki koloba te ete ezali sembo na molimo. Lolenge Polo alobaki ete "Nazali kokufa mokolo na mokolo," tosengeli kotia mpenza nzoto na biso na kufa mpe tokoma babulisami. Yango ezali bosembo na molimo.

Nini Nzambe Tata Alikyaka mpona biso na koleka ezali kobulisama. Tosengeli kososola eloko oyo mpe kosala oyo esengeli na biso kosala na tango tozali kokata ngenga na mitema na biso. Ya solo, alakisi te été tokoki kosala mosala moko te liboso na biso kobulisama mpenza mpenza. Elakisi été ezala mosala na lolenge nini tozali kosala sik'awa, tosengeli kokokisa kobulisama na tango tozali kokokisa misala na biso.

Ba oyo bakokobaka na kokata ngenga na mitema na bango bakozala na kobongola na bizaleli te kati na bosembo na bango. Bakobtika mosala malamu na bango te mpo ete bazali na kokoso na bomoi na bango na mokolo na mokolo to mpe ba pasi kati na motema. Mosala na Nzambe oyo epesamela biso ezali elaka epesama kati na Nzambe mpe biso, mpe tosengeli soko te kobuka elaka na biso na Nzambe kati na kokoso moko te.

Na loboko mosusu, nini ekokoma soki tobwakisi kokata ngenga

na mitema na biso? Tokokoka kobatela motema na biso ten a tango tokutani na mikakatano mpe ba pasi. Tokoki kobwakisa boyokani malamu elongo na Nzambe mpe totika mosala na biso. Bongo, soki tozongeli ngolu na Nzambe, tosali lisusu makasi mpona tango moko, mpe lolenge oyo ekokoba mpe kokoba. Basali wana ba oyo bazalaka na bitumba oyo bakoki kondimama lokola sembo te, ata soki basalaka mosala na bango malamu.

Kozala na bosembo endimama na Nzambe, tosengeli kozala na bosembo na molimo mpe lokola, yango elakisi ete tosengeli kokata ngenga na mitema na biso. Kasi kokata ngenga na motema yango moko ekokoma libonza na biso te. Kokata ngenga na motema ezali oyo esengeli mpona muana na Nzambe oyo Abikisama. Kasi soki tolongoli masumu mpe tokokisi mosala na bison a motema ebulisama, tokoki kobota mbuma monene koleka tango tozali kokokisa yango na makanisi na mosuni. Na bongo, tokozwa libonza monene koleka.

Ngakisa, toloba ete botokaka na tango bozali komikaba mbeka na misala na egelesia na mokolo mobimba na eyenga. Kasi boswana na bato mingi mpe bobebisa kimya na bato ebele. Soki bozali kosalela egelesia na tango bozali koyimayima mpe bozali nab wale na motema, mingi na mabonza na bino mikolongolama. Kasi soki bozali kosalela egelesia na bolamu mpe bolingo na kozalaka na kimya na basusu, misala na bino nioso mikozala solo malamu endimami epai na Nzambe, mpe moko na moko na misala na bino ekokoma mabonza na bino.

Kosala kolandana na mokano na mokonzi

,Kati na egelesia, tosengeli kosala kolandana na motema mpe mokano na Nzambe. Lisusu, tosengeli kozala sembo na kotosaka bakambi na biso kolandana na molongo kati na egelesia. Masese 25:13 elobi ete, "Lokola mpio na mbula mpembe na mokolo na kobuka loso, boye ezali ntoma na etingia epai na ba oyo batindi ye; akoyokisa milimo na bankolo na ye mpio malamu."

Ata soki tozali mbangumbangu na mosala na biso, tokoka te kosilisa mposa na monkolo soki tokosala kaka eye elingi biso. Ndakisa, toloba ete mokonzi nay o kati na company alobeli yo otikala na ndako na mosala mpo ete mosombi moko na motuya azali koya. Kasi ozali na ba bombongo misusu etali ndako na mosala nay o na libanda mpe olandeli yango, kasi yango ezwi yo mokolo mobimba. Ata soki obimi mpona mosala na ndako na mosala, na miso na mokonzi nay o ozali sembo te.

Tina tozali kotosa mokano na monkolo na biso te ezali tango mosusu mpo ete tolandaka makanisi na biso moko to mpe tozali na ba posa na biso moko. Moto na lolenge oyo akoki komonana lokola azali kosalela monkolo na ye, kasi azali kosala yango na bosembo te. Azali kaka kolandela makanisi na ye moko mpe ba posa, mpe atalisi ete akoki kobwakisa mokano na monkolo na ye na tango nioso.

Kati na Biblia totangaka likolo na moto na kombo Yoaba, oyo azalaki ndeko mpe mokonzi na mapinga na Dawidi. Yoaba azalaki na Dawidi kati na makama nioso na tango mokonzi Saulo azalaki kolanda Dawidi. Azalaki na bwanya mpe azalaki elombe. Akambaki makambo Dawidi alingaki ye asala. Na tango akotelaki bato na Amona mpe akotelaki engomba na bango, akotelaki yango, kasi atikaki Dawidi akamata yango ye moko. Akamataki nkembo na kolonga engomba yango te kasi atikelaki Dawidi akamata yango.

Asalelaki Dawidi malamu na lolenge oyo, kasi Dawidi azalaki mpenza na kimya te mpona ye. Ezalaki mpo ete aboyaki kotosa Dawidi na tango ezalaki mpona lifuti na ye moko. Yoaba azangisaki ten a kosala lolenge esengeli te liboso na Dawidi na tango alingaki kokokisa likambo.

Ndakisa, general Abinele, oyo azalaki monguna na Dawidi,

ayaki epai na Dawidi na komipesa epai na ye. Dawidi ayambaki ye malamu mpe sima atikaki ye akenda. Ezalaki mpo ete Dawidi akokaki kokitisa mitema na bato noki noki na kondima ye. Kasi tango Yoaba sima na tango ayaki na koyoka yango, alandaki Abinele mpe abomaki ye. Ezalaki mpo ete Abenele abomaka ndeko mobali na Yoaba na etuma elekaka. Ayebaki ete Dawidi akozala na kokoso soki abomaka Abinele, kasi alandaki kaka makanisi ma ye.

Lisusu, na tango muana mobali na Dawidi Abesaloma atombokelaki Dawidi, Dawidi asengaki na basoda ba oyo basengelaki kobundisa bato na Abesaloma balakisa boboto epai na Abesaloma. Ata ete ayokaki motindo wana, Yoaba akobaki na koboma Abesaloma. Tango mosusu ezalaki soki batikaka Abesaloma abika, akokaki kotomboka lisusu, kasi na suka, Yoaba aboyaki kotosa motindo na mokonzi mpona posa na ye moko.

Ata ete alekisaki na tango na pasi elongo na mokonzi, atosaki mokonzi ten a tango esengelaki mpenza makasi, mpe Dawidi akokaki kotiela ye motema te. Sukasuka, Yoaba atombokelaki Mokonzi Solomo, muana mobali na Dawidi, mpe babomaki ye. Na ngonga oyo mpe, esika na kotosa mposa na Dawidi, alingaki kotia na engwende moto makanisi ma ye elingaki azala mokonzi. Asalelaki Dawidi bomoi na ye mobimba, kasi esika na kokoma moto oyo andimamaki mingi, bomoi na ye esukaki lokola motomboki.

Na tango tozali kosala mosala na Nzambe, koleka lolenge nini tozali kosala mosala, motuya koleka ezali soki tozali kolanda mokano na Nzambe. Ezali na litomba te kozala sembo na kokende libanda na mokano na Nzambe. Lolenge oyo, moyini zabolo mpe Satana bakoki komema kofunda moko te mpe tokokoka kopesa nkembo epai na Nzambe na suka.

Kozala sembo na ndako mobimba na Nzambe

Kozala sembo na ndako mobimba na Nzambe elakisi ete tozali sembo na makambo na biso nioso. Kati na egelesia, tosengeli kokokisa misala na biso nioso ata tango tozali na misala mingi. Ata soki tozali na mosala moko te kati na egelesia, ezali mosala na biso kozala esika esengeli na biso kozala lokola bandimi.

Kaka kati na egelesia te, kasi na bisika na mosala mpe na kelasi, moto nioso azali na misala ma ye. Na makambo manso oyo, tosengeli kokokisa misala na biso lokola baton a lisanga. Kozala sembo na ndako mobimba na Nzambe ezali kokokisa misala na biso nioso na botosi nioso na bomoi na biso: lokola bana na Nzambe, lokola bakambi to bandimi na egelesia, lokola bandeko na libota, lokola basali kati na companie, to mpe lokola motangi to mpe molakisi na kelasi. Tosengeli kaka kozala sembo na mosala moko to mpe mibale mpe kobwakisa misala misusu. Tosengeli kozala sembo na makambo nioso.

Mosusu akoki kokanisa ete, 'Nazali kaka na nzoto moko mpe lolenge nini nakoki kozala sembo na makambo nioso?' Kasi na lolenge tozali kombongwana kati na molimo, ezali likambo moko pasi te kozala sembo na ndako mobimba na Nzambe. Ata soki tozali kopesa kaka tango moke, tokoki solo kobuka mbuma soki toloni na molimo.

Lisusu, ba oyo ba mbongwani na molimo balandaka lifuti na bango moko te to mpe malamu kasi bakanisaka mpona lifuti na basusu. Batalaka naino makambo na esika na basusu. Nde, bato na lolenge eye bakoka kokamba misala na bango nioso ata soki basengeli komikaba mbeka. Lisusu, na lolenge tokomata etape na molimo, motema na biso ekotondisama na bolamu. Mpe soki tozali malamu tokomipesa kaka na ngambo moko te. Bongo, ata soki tozali na misala mingi, tokobwakisa moko te na misala.

Tokosala malamu eleki mpona kokamba bato nioso zinga zinga na biso, komeka kolandela basusu na koleka. Bongo, bato zingazinga na biso bakoyoka bosolo na motema na biso. Nde, bakolemba te mpo ete tokoki kozala na bango tango nioso te kasi bakozala kutu na matondi ete tozali kolandela bango.

Ndakisa, moto moko azali na misala mibale, mpe azali mokambi na moko na lisanga mpe kaka moto kati na oyo na mibale. Awa, soki aza;I na bosolo mpe soki azali kobota mbuma na bosembo, akobwakisa moko na oyo mibale te. Akoloba kaka te ete, "bandeko na lisanga na mibale bakososola ngai mpo ete nazali na bango te mpo ete nazali mokambi na lisanga na liboso." Soki na nzoto akoki kozala na lisanga na mibale te, akomeka kozala lisungi na lisanga wana na lolenge mosusu mpe kati na motema. Lolenge oyo, tokoki kozala sembo na ndako mobimba na Nzambe mpe kozala na kimya na moto nioso na lolenge tozali na bolamu.

Sembo mpona bokonzi na Nzambe mpe bosembo

Yosefe atekamaki lokola moumbo kati na ndako na Potifala, mokapitene na bakengeli na mokonzi. Mpe Yosefe azalaki mpenza sembo mpe moto na kotiela motema ete Potifala atikaki misala nioso na ndako na moumbo oyo elenge mpe atalaki te nini ye asalaki. Ezalaki mpo ete Yosefe azalaki kolandela ata makambo mikemike na malamu na ye nioso, nakozalaka na motema na monkolo.

Bokonzi na Nzambe mpe ezali na bosenga na basali mingi na sembo lokola Yosefe na bisika mingi. Soki bozali na mosala moko, mpe bokokisi yango mpenza na bosembo ete mokambi na bino asengeli kolandela ata yango te, nde bongo, boni moto na makasi bokozala mpona bokonzi na Nzambe!

Luka 16:10 elobi ete, "Oyo azali sembo na likambo lileki moke azali mpe sembo na likambo monene; oyo azali sembo ten a likambo lileki moke, azali mpe sembo ten a likambo lileki monene Ata soki asalelaki monkolo na nzot, Yosefe asalaki na sembo na kondima na ye epai na Nzambe. Nzame akamataki yango lokola pamba te, kasi kutu Akomisaki Yosefe ministre way ambo na Ejipito.

Natikala komilembisa mpona mosala na Nzambe te. Natikala tango nioso kopesa mabondeli na butu mobimba ata liboso na na kobanda egelesia, kasi sima na egelesia kobanda, Nazalaki kobondela banda minuit ngai moko kino na tango na 4 heure mpe sima nakobanda mayangani na tongo (matinale) na 5 h na tongo. Na tango wana tozalaki na mabondeli na Daniele oyo tozali na yango lelo te, oyo ebandaka na 21 heure na butu. Tozalaki na Pasteur mosusu mpe mokambi na cellule moko te, bongo nasengelaki kokamba mabondeli na tongo mobimba ngai moko. Kasi natikala kozangisa mokolo te.

Lisusu, nasengelaki kobongisa mateya mpona mayangani na eyenga, mayangani na mokolo na misato, na mokolo na mitano nab utu mobimba, na ba tango nazalaki mpe kokende kelasi na theologie. Natikala kolongola mosala na ngai te to mpe kopesa yango na bato misusu kaka mpo ete nalembaki. Sima na ngai kowuta kelasi na seminaire, nalandelaki baton a malady to mpe kokende kotala bandimi. Ezalaki na babeli ebele mingi ba oyo bazalaki kowuta na mboka mobimba. Natiaki motema na ngai mobimba na tango nioso nazalaki kotala mondimi na lingomba mpona kosalela bango na molimo.

Na ba tango wana, basusu kati na bana kelasi basengelaki kozwa bus mibale to mpe misato mpona koya na egelesia. Sasaipi, tozali na ba bus kati na egelesia, kasi na tango wana tozalaki nan go te. Nde, nalingaki basali bakoka koya na egelesia na komitungisa te mpona misolo na bus. Nazalaki kolanda bana kelasi sima na mayangani na arret na bus mpona kopesa bango ticket to mpe makuta. Nazalaki kopesa bango makuta ekoka mpo ete bakoka koya na egelesia na mbala ekoya mpe lokola. Na tango wana misolo na mabonza mpona egelesia ezalaki kaka moke na ba zomi na ba dollar, ekokaki ata kosunga egelesia te. Napesaki bango makuta na bus na misolo na ngai moko nazalaka kobomba.

Na tango moto na sika azalaki komikomisa, nazalaki komona moko na moko kati na bango lokola libula na motuya, nde nazalaka kobondela mpona bango mpe nasalelaki bango na bolingo mpona kobungisa moko te. Mpona tina oyo na tango wana moko te na bato oyo bakomisaki na egelesia balongwaki. Na solo, lingomba ekobaki na kokola. Sasaipi ete egelesia ezali na bandimi ebele, elakisi ete bosembo na ngai ekiti? Soko te! Moto na ngai mpona milimo etikala kokita te.

Sasaipi tozali na ba mangomba 10.000 na mokili mobimba mpe na basali na Nzambe ebele lokola, ba mpaka, diaconese mikolo, bakambi na ba district, sous districte, mpe masanga na cellules. Ata bongo, mabondeli ma ngai mpe bolingo mpona milimo ekoba kaka na kokola makasi koleka.

Bongo na tango mosusu, bosembo na bino etikala kokita liboso na Nzambe te? Ezali na moto kati na bino oyo amesana kozala na mosala mopesami na Nzambe, kasi azali lisusu na mosala moko te sasaipi? Soki bozali na mosala moko sik'awa lolenge bozalaki na kala, bongo moto mpe ngwi mpona mosala ekita te? Soki tozali na kondima na solo, bosembo na biso ekokoba kaka na komata na lolenge tozali kokola na kati na kondima na biso, mpe tozali sembo epai na Nzambe mpona kokokisa Bokonzi na Nzambe mpe kobikisa ebele na milimo na bato. Bongo, tokozwa libonza monene na sima kuna na Lola!

Soki Nzambe Azalaki na bosenga na bosembo kaka na misala,

Asengelaki kokela bato te, pambba te ezali ba banje na ebele na kotanga te mpe mapinga na Lola ba oyo batosaka malamu mingi. Kasi Nzambe Alingaki te moto oyo atosaka kaka, moke lolenge na robot. Alingaki ban aba oyo bakozala sembo na bolingo na bango mpona Nzambe kowuta kati na mitema na bango.

Nzembo 101:6 "Miso ma ngai ezali likolo na bandimi kati na mokili ete bafanda esika moko na ngai; oyo akotambolaka na nzela na sembo ye akosalela ngai." Ba oyo balongoli mabe na lolenge nioso mpe bakomi sembo na ndako mobimba na Nzambe bakozwa lipamboli na kokota kati na Yelusaleme na Sika, yango ezali esika eleki kitoko mpona kofanda na Lola. Bongo, nakolikya ete bokokoma basali ba oyo bazali lokola likonzi mpona bokonzi na Nzambe mpe kosepela lokumu na kozala pembeni na ngwende na Nzambe.

Matai 11:29

"Bokamata ekanganeli na ngai likolo

na bino mpe boyekola na Ngai,

Pamba te Nzali na bopolo mpe na motema mosekemi

Bokozwa kopema mpona milimo na bino."

Mibeko kotelemela makambo yango izali te

Capitre 9

Bopolo

Bopolo na kondima bato ebele
Bopolo na molimo elandisami na boboto
Lolenge na ba oyo baboti mbuma na bopolo
kobota mbuma na bopolo
Kobalola mabele malamu
Mapamboli mpona bato na bopolo

Bopolo

Na kokamwa bato mingi bazali komitungisa mpona tango eleki moto, pasi na moto, to mpona bizaleli na bango iye izali mpenza na sonisoni to mpe na motomoto eleki. Bato misusu mpe batiaka makambo nioso na bizaleli na bango na tango makambo matamboli lolenge balingelaki te, nakolobaka ete, "Nakoki kobongola yango te, ezali lolenge na ngai." Kasi Nzambe Akelaki moto, ezali pasi te mpona Nzambe Abongola ezaleli na moto na nguya na Ye.

Mose abomaka moto mosusu likolo na kanda na ye, kasi na nguya na Nzambe ambongwanaki na lolenge lokola ete andimamaki na Nzambe kozala moto na komikitisa koleka mpe na bopolo na mokili mobimba. Ntoma Yoane azalaka kobengama 'muana na kake', kasi abongwanaki na nguya na Nzambe mpe andimamaki lokola 'ntoma na bopolo.' Soki bazali kolinga kolongola mabe mpe kotimola elanga na motema na bango, at aba oyo bazalaka motomoto, ba oyo bakomilakisaka, mpe ba oyo bamilingaka mingi bakoki kobongolama mpe kokolisa bizaleli na bopolo.

Bopolo mpona kondima bato mingi

Kati na dictionaire bopolo ezali ezali elembo mpe lolenge na kozala na bopolo, sembesembe, kolinga na kimya. Ba oyo bazalaka sonisoni to mpe bakokaka kozala na bato te na bizaleli, to mpe ba oyo bakokaka koloba malamu te bakoki mpe komonana lokola bato na bopolo. Ba oyo bayebi mingi te to mpe ba oyo bazwaka nkanda te mpo été bango batanga mpenza te bakoki mpe kotalisama lokola bato na bopolo na miso na bato na mokili.

Kasi bopolo na molimo ezali kaka kozala moto n kimya te to mpe malamu. Ezali kozala na bwanya mpe makoki na kososola kati na malamu mpe mabe, mpe na ngonga moko kokoka kososola mpe kondima moto niso mpo ete kati na bango mabe ezali te.

Mingimingi, bopolo na molimo ezali kozala na boboto esangana na ezalali na kimya mpe na komikitisa. Soki bozali na makambo malamu oyo, bokozala kaka kimya na tango nioso te, kasi bokoyeba mpe na kopesa nzoto kilo na tango esengeli.

Motema na moto na bopolo ezali malamu lokola coton. Soki bobambi libanga likolo na coton to mpe botubi yango tonga, coton ekoyamba kaka mpe ekozipa eloko yango. Lolenge moko, ata bato bakosala bango lolenge nini, ba oyo bazali na bopolo na molimo bakoyokela bango kanda na motema te. Mingimingi, bakozwa nkanda te to mpe koyoka nkanka te, mpe bakomemela basusu nkanka mpe te.

Basambisaka mpe bakatelakka mabe soko te kasi basosolaka mpe bandimaka. Bato bakoyoka malamu na baton a lolenge oyo, mpe ba mingi bakoki koya mpe kozwa bopemi epai na ba oyo bazali na bopolo. Ezali kaka lokola nzete monene na bitape ebele epai wapi bandeke bakoki koya, kosala bazala mpe kopema na bitape na yango.

Mose azali moko na bato oyo andimamaki na Nzambe mpona bopolo na ye. Mituya 12:3 elobi ete, "Moto yango Mose azalaki na bopolo mingi, na koleka bato nioso bazalaki na nse". Na tango na kobima motuya na bana na Yisalele elekaki 600,000 na mibali mikolo. Kobakisa basi mpe bana esengelaki kozala likolo na milio mibale. Kokamba ebele na motuya na bato yango moko esengelaki kozala likambo na pasi mpona moto nioso.

Ezali mingi mingi bato oyo bakomaki mitema mabanga lokola baumbu na kala na Ejipito. Soki omesana kobetama, koyokaka maloba mabe tango nioso, mpe kosalaka mosala na baumbo, motema nay o ekokoma makasi mpe libanga. Na condition na boye, ezali pete te ete otia ngolu moko kati na motema to mpe mpona bango bakoka kolinga Nzambe kati na motema. Yango ntina bato bazalaki koboya kotosa Nzambe na tango nioso ata soki

Mose atalisaki bango nguya monene boye.

Na tango bakutanaki kaka na mikakatano moke na likambo na bango, ba bandaki mbala moko koyimayima mpe batelemelaki Mose. Kaka na komona ete Mose akambaka baton a lolenge oyo kati na lisobe mpona ba mbula 40, tokoki kososola boniboni Mose azalaki na bopolo na molimo. Motema oyo na Mose ezali bopolo na molimo, yango ezali moko na bambuma na Molimo Mosantu.

Bopolo na molimo oyo elandisami na boboto

Bongo ezali na moto oyo azali kokanisa likambo lokola eye, "Nazwaka nkanda te, mpe nakanisi ete nazali na bopolo koleka basusu, kasi nazwaka mpenza biyano na mabondeli na ngai te. Nazali mpenza mpe koyoka mongongo na Molimo Mosantu malamu te'. Bongo osengeli na komitala soki bopolo nay o ezali na mosuni te. Bato bakoki koloba été ozali na bopolo soki omonanaka lokola kimya mpe malamu, kasi yango ezali kaka bopolo na mosuni

Oyo Nzambe Alingi ezali bopolo na molimo. Bopolo na molimo ezali te kaka kozala na bopolo mpe na kimya kasi esengeli kolandisama na boboto na malamu. Elongo na kimya na motema, bosengeli mpe kozala na ezaleli na boboto oyo elandisami na misala malamu eye etalisamaka na libanda mpona kokolisa mpenza na mobimba bopolo na molimo. Ezali lolenge moko na moto na bizaleli malamu mingi oyo alati kazaka eye ekokani na bizaleli ma ye. Ata soki moto azali na ezaleli malamu, soki akotambola bolumbu na elamba moko te, bolumbu na ye yang onde soni na ye. Lolenge moko, bopolo oyo ezanga boboto malamu yango ekoka te.

Boboto malamu ezali lokola jogging oyo engengisaka bopolo, kasi yango moko ekeseni na makambo ya nsese to mpe ezaleli na kolandela mibeko na makambo nioso. Soki kobulisama ezali kati na motema nay o te, ekoki te kolobama ete ozali na boboto malamu kaka mpo ete ozali na misala malamu na libanda. Soki omipesi mingi na kotalisa misala mikoka bisika na kokolisa motema nay o, okokoma na esika oyo ozali lisusu te kososola mabaku kati nay o te mpe na bososoli mabe omona ete okokisi bokoli na molimo na lolenge makasi.

Ata na mokili oyo, bato oyo bazali kaka na komonana libanda bakoka kolonga mitema na basusu te. Na kondima mpe, kolandela kaka misala na libanda na kokolisa kitoko na kati te ezali nse pamba.

Ndakisa, bato misusu basalaka malamu, kasi basambisaka mpe bakotalaka pamba ba oyo basalaka lokola bango te. Bakoki mpe kobetisa sete likolo na lolenge na bango moko na tango bakutani na basusu na kokanisaka ete, 'Oyo ezali nzela malamu, nde mpona nini te basali yango te na lolenge oyo?' Bakoki koloba maloba malamu na tango bazali kopesa toli, kasi bazali kosambisa basusu kati na mitema na bango, mpe bazali koloba wuta na bosembo na bango moko mpe koyoka mabe na motema na bango. Bato bakoki kozwa kimya te epai na bato na lolenge oyo. Bakozokisama mpe bakobungisa makasi, nde bongo bakolinga lisusu te kozala pembeni na baton a lolenge oyo.

Bato misusu mpe bazwaka nkanda mpe bayokaka mabe mpona bosembo mabe mpe mabe ezali kati na mitema. Kasi bango balobaka ete bazwaki kaka kanda kati na bosembo mpe yango ezali malamu mpona bato misusu. Kasi ba oyo bazali na boboto malamu bakobungisa kimya na makanisi te na likambo nioso.

Soki solo bolingo kobota mbuma na Molimo Mosantu ekokisama, bokoki te kaka kobomba mabe kati na motema na bino na bizaleli na bino mimonani libanda. Soki bongo, nde bokomitalisa kaka mpona bato misusu. Bosengeli komitala lisusu mpe lisusu na makambo nioso mpe bopona nzela na bolamu.

Lolenge na ba oyo baboti mbuma na bolamu

Na tango bato bakomonna ba oyo bazali na bolamu mpe bazali na mitema minene, balobaka ete mitema na bato wana izali lokola ocean. Ocean endimaka ba mai nioso ebeba na bibale mpe ba mai mike mpe ipetolaka miango. Soki tokokolisa motema monene mpe na bopolo lokola ocean, tokoka kokamba ata milimo na basumuki ebebisama na nzela na lobiko.

Soki tozali na boboto na libanda elongo na bopolo kati na biso, tokoka kolonga mitema na bato ebele, mpe tokoka kokokisa makambo ebele mingi. Sik'awa tika ngai napesa bino ba ndakisa na ba lolenge na ba oyo baboti mbuma na bopolo.

Yambo, batombolama mpe bakoka kati na misala na bango

Baoyo bamonanaka lokola kimya na bizaleli kasi bayebi solo kopona te bakoka kondima basusu te. Bakotalama na nse mpe bakosalemama epai na basusu. Na lisituale, bakonzi misusu mazalaki malamu na bizaleli kasi bazalaki na boboto malamu te, bongo mboka efandisamaki malamu te. Sima kati na lisituale, bato bamonaki bango lokola na makoki te to mpe na kozanga kopesa mitindo.

Na loboko mosusu, bakonzi basusu bazalaki na bizaleli na koyambe mpe malamu elongo na bwanya elandisama na bokonzi. Na nse na bokambi na bakonzi eye, mboka efandisamaki malamu mpe bato bazalaki na kimya. Na boye, ba oyo bazali na bopolo mpe boboto malamu bazali na lolenge esengeli mpona kosambisa. Basalaka nini esengeli na kososolaka malamu na mabe na lolenge esengeli.

Tango Yesu Apetolaki Tempelo mpe Apamelaki baton a bizaleli nan sense mpe Bafalisai mpe balakisi na mibeko, Azalaki makasi mingi mpe na maseki te. Azalaki na motema pete na lolenge oyo

Akokaki te 'kobuka lititi litutami to mpe lotambe lozimami', kasi Apamelaki bato makasi mingi na tango esengelaki na Ye. Soki bozali na Bokonzi na lolenge oyo mpe bosembo na motema, bato bakoka kotala bino pamba tea ta soki botikala kotombola mongongo na bino te to komeka kokoma makasi.

Komonana na libanda etalisaka mpe ete tozali na bizaleli na Nkolo mpe misala mikoka na nzoto. Ba oyo bazali malamu bazali na bokonzi, mpifo mpe na motuya na maloba na bango; balobaka lobaka maloba na pamba te' Balataka elamba esengeli mpona likambo na likambo. Bazalaka na lolenge na elongi oyo esengeli, kasi na kanda to mpe na malili te.

Ndakisa, toloba ete moto azali na suki esalema te to mpe elamba, mpe lolenge na ye ezali na kilo moko te. Toloba ete alingaka koloba masano mpe alobaka likolo na makambo na pamba. Ekozala mpenza pasi mingi mpona moto na lolenge oyo andimama mpe apesama botosi na bato misusu. Bato misusu bakolinga kondimama te mpe bayambama na ye.

Soki Yesu Azalaka kosala maseki tango nioso, bayekoli ba Ye balingaki komeka kosala na Ye maseki. Nde, soki Yesu Alakisaka bango eloko moko ya pasi, balingaki mbala moko kotelemela to mpe kobeta sete na makanisi na bango. Kasi bakokaki ata lkomeka kosala yango te. Ata ba oyo bayaki epai na Ye mpona koloba bakokaki mpenza koloba na Ye te mpona Bokonzi na Ye. Maloba ma Yesu mpe misala ma ye ezalaki tango nioso na kilo mpe ba bokonzi, nde bongo bato bakokaki kaka kozwa Ye pamba te.

Ya solo, tango mosusu mokolo kati na mosala akoki kosekisa basinzili ba ye mpona komema esengo kati na lisanga. Kasi soki basinzili babandi kosala maseki na nzela moko, yango ekolakisa ete bazali na bososoli malamu te. Kasi soki bakambi bazali sembo te, mpe bakolakisa lolenge na kidiba, bakoki mpe te kozwa elikya na bato misusu. Mingi mingi, bakonzi na likolo makasi kati na companie basengeli kozala na bizaleli na bosembo makasi, lolenge na koloba, mpe bizaleli.

Mokonzi kati na lisanga na basali akoki koloba maloba makasi to mpe kosala na botosi te liboso na basinzili ba ye, kasi tango misusu, soki moko na basali ba ye azali kotalisa botosi eleka, mokolo oyo akoki koloba na maloba na bato nioso, kasi na lolenge na nkanda te, mpona komema basali ba ye na kozwa kimya. Na likambo oyo, kozala na bokonzi mingi te ekomema basinzili ba ye na koyoka malamu mpe akoki kofungola motema na ye malamu koleka na lolenge oyo. Kasi kaka mpo ete mokonzi azali komema basinzili ba ye na kokitisama na motema, ba oyo bazali nan se na ye basengeli kotala mokonzi na bango pamba te, koswanisa te, to koboya kotosa.

Baloma 15:2 elobi ete, "Moto na moto na biso asepelisa mozalani na ye mpona malamu na ye ete akembisa ye." Bafilipi 4:8 elobi ete, "Na nsuka, bandeko mpona makambo nioso na solo, makambo nioso na lokumu, na makambo nioso na sembo, na makambo nioso na mpeto, na makambo nioso na boboto, na makambo nioso na ngolu, soko malamu ezali mpe soko lisanjoli ezali, bokanisa makambo yango. Lolenge oyo, ba oyo bazali malamu mpe na boboto bakosala makambo nioso na bosolo, mpe bazali mpe na mosala na kokomisa bato malamu.

Elandi, moto na bopolo alakisaka misala na mawa mpe na boboto na kozala na motema monene.

Bakosungaka kaka te ba oyo bazali na bosenga na misolo mpe ba oyo bazali na komitungisa na molimo mpe na bolembu na kopesa bango makasi mpe kotalisa bango ngolu. Kasi ata soki bazali na bolamu bopolo kati na bango, soki bopolo yango ekotikala kaka na motema na bango, ekozala pasi mpona kobimisa malasi na Christu.

Ndakisa, toloba ete ezali na mondimi oyo azali konyokwama na minyoko mpona kondima na ye. Soki bakambi na lingomba pembeni na ye basosoli yango, bakoyoka mawa mpona ye mpe bakobondela mpona ye. Bazali bakambi oyo bazali koyoka mawa kaka na mitema na bango. Na loboko mosusu, bakambi misusu bakokitisa ye motema mpe bakopesa ye makasi mpe kosunga ye na misala kolandana na oyo ekoki bango. Bakopesa ye makasi mpona kosunga ye kolonga na kondima.

Bongo, kozala kaka na kolandela kati na motema mpe kotalisa misala na solo ekokesana mpenza mpona moto oyo azali kolekela likambo. Na tango bopolo etalisami na libanda lokola misala na boboto, ekoka kopesa ngolu mpe bomoi epai na basusu. Bongo, na tango Biblia elobi ete 'Basokemi bakosangola mokili.' (Matai 5:50, ezali na bokutani makasi na bosembo oyo etalisamaka lokola boboto malamu. Mpona kosangola mokili elandisi mabonza na Lola. Na momesano, kozwa mabonza na Lola ezali na bokutani na bosembo. Na tango bapesi yo palaki na kondimama, na merite na lokumu, to mpe palaki mpona koteya Sango Malamu kowuta na egelesia, ezali lifuti na bosembo na bino.

Na bongo, basokemi bakozwa mapamboli, kasi yango ewutaka kaka na motema na bopolo yango moko te. Na tango motema wana na bopolo etalisami na misala malamu mpe na boboto, bakobota mbuma na bosembo. Bakozwa bongo mabonza lokola mbano na yango. Mingi mingi, na tangobondimi mpe boyambi milimo ebele na boboto, kopesa bango makasi mpe kokitisa bango motema mpe kopesa bango bomoi, bokosangola mokili kati na Lola na nzela na misala eye.

Kobota mbuma na bopolo

Sasaipi, lolenge nini tokoki kobota mbuma na bopolo? Na koloba lolenge esengeli, tosengeli kobalola mabele na motema na biso, na mabele malamu.

(Matai 13:3-8). "Alobi na bango makambo mingi na masese, ye ete, "Tala moloni abimi mpona kolona. Ekonaki ye nkona mosusu ekwei pembeni na nzela mpe bandeke bayei mpe balei yango. Mosusu ekwei na mabanga wana ezalaki na mabele mingi te. Nokinoki itoi mpo ete mabele ezalaki na bozindo te. Nde wana moi ebimi, eziki moto, mpe mpo ete ezalaki na misisa te, ikaoki. Mosusu ekwei kati na nzube ; nzube ekoli mpe ekibisi yango. Nde mosusu ekwei na mabele malamu mpe ebimisi mbuma, oyo mokama mokama, oyo ntuku motoba, ntuku motoba, oyo ntuku misato, ntuku misato. Ye oyo azali na matoi, ayoka."

Na Matai chapitre 13, mitema na biso mikokisami na ba lolenge minei na ba mabele. Ikoki kotiama na mabele na nzela, mabele na mabanga, mabele na ba nzube, mpe mabele malamu.

Mabele na motema eye ekokisami na mabele na balabala esengeli kopanzama na bosembo na yango moko mpe bosolo na yango moko

Mabele na nzela enyatamaka na bato mpe ekomisama makasi, bongo nkona ekoki kolonama na yango te. Nkona ekoki kozwa misisa wan ate mpe ekoliama na ban deke. Ba oyo bazali na motema na lolenge oyo bazali na makanisi na koyokela bato te. Bafongolaka motema na bango na solo te, nde bakoki te kokutana na Nzambe to mpe kozwa kondima.

Boyebi na bango moko mpe lolenge na bizaleli na bango mifandisama mpenza makasi mingi ete bakoki kondima Liloba na Nzambe te. Bandimaka mpenza makasi ete bazali malamu. Mpona bango kokweisa bosembo na bango moko mpe solo na bango moko, basengeli naino kobebisa mabe kati na mitema na bango. Ezali pasi kokweisa bosembo na moto ye moko mpe bosolo eye asaleli mabe soki moto abateli lolendo, lofundu, moto mangongi, mpe lokuta. Maben a lolenge oyo ekomema moto azala na makanisi na mosuni oyo ememaka bango na kondima te Liloba na Nzambe.

Ndakisa, ba oyo babanda komatisa lokuta na makanisi na bango bakoki te kotika na kobeta tembe ata soki basusu bakolobaka solo. Baloma 8:7 elobi ete "Mpo ete motema motiami epai na nzoto ezali moyini na Nzambe; Eyebi kotosa mibeko na Nzambe te; ekoki mpe kosalaka boye te." Lolenge ekomami bakoki koloba amen na Liloba na Nzambe te, soko mpe kotosa yango.

Bato misusu bazali mitu makasi mingi na ebandeli, kasi na tango bazwi ngolu mpe makanisi na bango mambongwani, bakokoma makasi mingi kati na kondima na bango. Yango esalemaka na tango bazali na makanisi makasi kasi kati na mitema mizali malamu. Kasi baton a mabele lolenge na balabala bakeseni na bato oyo. Yango esalemaka na tango nse na mitema na bango mpe ezali libanga. Motema oyo ekomisama libanga na libanda kasi malamu na kati ekoki kokokisama na lokasa moke na glace na tango balabala ekoki kokokisama na liziba na mai eye ekomisami libanga na malili wuta nse na yango.

Mpo ete motema lolenge na balabala ekomisama makasi na solo te mpe mabe na ba tango molayi, ezali pete te mpona kobuka yango na tango moke. Moto asengeli kobuka yango mbala na mbala mpona kobalola yango. Na tango nioso Liloba na Nzambe ekokani ten a makanisi na bango, basengeli kokanisa soki solo makanisi na bango mazali mpenza malamu. Lisusu, basengeli kobomba misala na bolamu mpo ete Nzambe Akoka kopesa bango ngolu.

Na tango mosusu, bato misusu basengaka na ngai nabondela mpona bango mpo ete bakoka kozwa kondima. Ya solo, ezali mawa ete bakoki kozala na kondima tea ta sima na komona nguya na Nzambe mpe koyoka mingi Liloba na Nzambe, kasi ezali malamu mingi mbe komeka ata te. Mpona motema lokola mabele na balabala, bandeko na libota na bango mpe bakambi na egelesia basengeli kobondela mpona bango mpe kokamba bango, kasi ezali motuya ete bango mpe basala na makasi na bango moko. Bongo, na tango moko boye, nkona na Liloba ekobanda kobota kati na motema na bango.

Motema ekokisami na elanga etondi mabanga esengeli kolongola bolingo na mokili

Soki boloni nkona kati na elanga etondi mabanga, ikobima kasi ikoki te kokola malamu likolo na mabanga. Na lolenge moko, ba oyo bazali na motema lokola elanga na mabanga bakokweya noki tango momekano, minyoko, komekama ikoya.

Na tango bazwi ngolu na Nzambe, bakoyoka lokola balingi solo komeka kobika na Liloba na Nzambe. Bakoki kutu kokutana na misala na moto na Molimo Mosantu mpe lokola. Yango ezali koloba ete, nkona na Liloba ekwei kati na motema na bango mpe ebandi kobima. Kasi, ata sima na kozwa ngolu eye, bazali na kobundabunda na makanisi komata na tango esengeli na bango kokende na egelesia o mokolo na eyenga elandi. Bamoni solo misala na Molimo Mosantu, kasi babandi kobeta tembe na kokanisaka ete ezalaki kaka tango moko na koningisama. Bazali na makanisi eye ekobetisa bango tembe, mpe bakokanga lisusu ekuke na motema na bango.

Mpona basusu etumba ekoki kozala ete bakoki mpenza te kotika bizaleli na bango to mpe makambo misusu bamesene kosepelisa na yango nzoto, mpe bakobatela mokolo na Nkolo te. Soki banyokoli bango epai na bandeko na bango na libota to mikonzi na bango na mosala na tango batambwisi bomoi etondisami na Molimo kati na kondima, bakotika koya na egelesia. Bakozwa ngolu monene mpe bakomonana lokola bazali kokamba bomoi na nguya kati na kondima, bakotika koya na egelesia. Bakozwa ngolu monene mpe bakomonana lokola bazali kotambwisa bomoi kati na kondima makasi mpona tango moko, kasi soki bazali na likambo na bandimi misusu kati na egelesia, bakoki kobetisama libaku mpe kala te bakolongwa egelesia.

Bongo, tina nini esali ete nkona na Liloba ekoki kobota misisa te? Ezali likolo na 'mabanga' miye mitiama kati na motema. Mosuni na motema etalisami awa na 'mabanga' mpe ezali solo te eye epekisaka bango na kotosa Liloba. Kati na makambo mingi oyo ezanga solo, ezali na oyo ezali mpenza makasi été nkona na Liloba ikotelemelama mpona kobota misisa. Na mozindo, ezali mosuni kati na motema iye elingaka mokili oyo.

Soki bakolingaka makambo moko oyo ya mokili esepelisaka bango nzoto, ezali pasi mpona bango babatela Liloba oyo elobeli bango ete, "Batela mokolo na Saba bulee." Lisusu, ba oyo bazali na libanga na moyimi kati na motema na bango bayaka kati na egelesia te mpo ete bayinaka kopesa moko na zomi mpe mabonza epai na Nzambe. Bato misusu bazali na mabanga na koyina kati na mitema na bango, nde liloba na bolingo ekoki kokanga misisa te.

Kati na ba oyo bayaka na egelesia lolenge esengeli, ezali na basusu oyo bazali na motema na elanga na mabanga. Ndakisa, ata soki babotama mpe bakolisama na mabota na Bakristu mpe bayekola Liloba wuta bomwana na bango, babikaka na Liloba te. Bayoka Molimo mosantu mpe tango mosusu bazwa mpe ngolu, kasi balongola bolingo na bango mpona mokili te. Na tango bazali koyoka Liloba, bakomikanisela ete basengelaki te kobika lolenge bazali kobika sasaipi, kasi na tango bazongi ndako bakozongela lisusu mokili. Bazali kobika bomoi na bango na komata efelo na likolo moko na ngambo na Nzambe mpe likolo mosusu na ngambo na mokili. Mpona Liloba bayokaki balongwe Nzambe te, kasi bazali naino na mabanga ebele kati na mitema na bango miye mizali kotelemela Liloba na Nzambe na kobota misisa.

Lisusu, bilanga misusu na mabanga mizali kaka eteni na mabanga. Ndakisa, bato misusu bazali sembo na mbongwana moko te na makanisi. Babotaka mpe ba mbuma misusu. Kasi bazali na koyina kati na motema, mpe bazalaka na kowelana na basusu na makambo nioso. Bakosambisaka mpe mpe bakokatela, yango kobuka kimya bisika nioso. Mpona tina oyo, sima na ba mbula mpenza mingi, bakobota mbuma na bolingo te to mpe mbuma na bokesemi. Basusu bazali na mitema na bopolo mpe malamu. Bakondimaka mpe kososolaka basusu, kasi bazali sembo te. Bakobukaka na pete bilaka mpe bazali responsible te na makambo mingi. Nde, basengeli kobongisa bosuki mpona kotimola elanga na motema n bango na mabele malamu.

Sasaipi, mpona nini esengeli na biso kotimoli elanga na mabanga?

Yambo, tosengeli nokinoki kolanda Liloba. Mondimi moko boye amekaka kokokisa misala ma ye kati na botosi na Liloba na eye elobeli biso ete tozala sembo. Kasi ezali pete te lolenge akanisaki.

Na tango azalaka kaka mondimi pamba kati na lingomba oyo azalaki na ebonga to pete moko te, bandimi misusu basalelaki ye. Kasi sasaipi na esika na ye asengeli kosalela bandimi misusu. Akoki komeka makasi, kasi azali na koyoka malamu ten a tango azali kosala na moto oyo andimaka mpenza ba nzela na ye te. Koyoka mabe na ye lokolakokangela motema to moto moto na bizaleli ekotalisama na libanda na motema na ye. Moke moke akobungisa kotondisama na Molimo, mpe akokanisa ata kotika mosala na ye.

Bongo, koyoka mabe oyo mizali mabanga oyo asengeli kolongola kati na elanga na motema na ye. Koyoka mabe oyo iwuti na mabanga minene na nkombo na 'koyina'. Na tango azali komeka kotosa Liloba ete, 'bozala sembo', akokutana sasaipi na libanga ebengami'koyina.' Na tango asosoli yango, asengeli kobundisa libanga oyo ebengami koyina mpe kolongola yango. Kaka wana nde akoka kotosa Liloba elobelaka biso kolinga mpe kozala na kimya. Lisusu, asengeli ten a kotika kaka mpo ete ezali pasi, kasi asengeli koyika mpiko na mosala oyo ata makasi koleka mpe kokokisa yango na esengo. Lolenge oyo, akoki kombongwana na mosali oyo azali na bopolo

Ya mibale, tosengeli kobondela makasi na tango tozali kosalela Liloba na Nzambe. Na tango mbula ekonoka na elanga, ekopola mpe ekokoma sembe. Yango ezali tango malamu mpona kolongola mabanga. Lolenge moko, na tango tozali kobondela, tokotondisama na Molimo Mosantu kati na mabondeli, tosengeli te kobungisa libaku malamu wana. Tosengeli nokinoki kolongola mabanga. Mingimingi, tosengeli mbala moko kotia makambo oyo tokokaka solo kotosa te kati na misala. Na lolenge tokobi na kosala boye mpe boye, ata mabanga minene mifandisamaki kati na motema ikoningana kolemba mpe kolongolama. Tango tozwi ngolu mpe makasi na Nzambe oyo Nzambe Apesa wuta likolo mpe tozwi kotondisama na Molimo Mosantu, nde tokoka kolongola masumu mpe mabe oyo tokokaki kolongola te na ngya na mokano na biso moko.

Elanga na ba nzube ikobotaka mbuma te likolo na mitungisi na mokili mpe kokosama na bomengo

Soki tokoloona nkona esika moko na ba nzube, ikoki kobima mpe kokola, kasi likolo na banzube mikoki kobota mbuma te. Lolenge moko, ba oyo bazali na motema lokola elanga na ba nzube mpe bazali komeka kosalela Liloba oyo epesameli bango, kasi bakoki kotia Liloba oyo epesameli bango na misala te. Ezali mpo ete ezali na kotungisama na mokili, mpe kokosama na misolo, yango ezali moyimi na misolo, lokumu, mpe mpifo. Mpona yango, bazali kati na mitungisi mpe mimekano

Bato na lolenge oyo bazalaka na kotungisama na tango nioso na makambo na mokili lokola ndako, bombongo na bango, to mpe mosala na bango ata soki bayaka na egelesia. Basengelaki kozwa malamu mpe makasi na tango bazali koya na mayangani na ndako na Nzambe, kasi bazali kaka na ba ngomba na mitungisi mpe komilela. Na boye, ata balekisi ebele na ba eyenga kati na egelesia, bakoki te kosepela elengi na solo mpe kimya na kobatela eyenga bulee. Soki solo babatelaki bulee eyenga, molimo na bango elingaki kokende liboso mpe bakozwa mapamboli na molimo mpe na mosuni. Kasi bazali na makoki na kozwa mapamboli na lolenge oyo te. Na boye, basengeli kolongola ba nzube mpe kosalela Liloba na Nzambe malamu mpo été bakoka kozala na mabele malamu na motema.

Lolenge nini tokoki kotimola elanga na ba nzube?

Tosengeli kopikola ba nzube na misisa na yango. Ba nzube elakisi makanisi na mosuni. Mosisa elakisi mabe mpe makambo na mosuni kati na motema. Mingi mingi, mabe mpe makambo na mosuni kati na motema mizali moto na na makanisi na mosuni. Soki botape mikatani kaka ba nzube ikokola lisusu. Lolenge moko, ata soki tozwi mokani na kozala na makanisi na mosuni te,, tokoka kotelemela yango te soki tozali naino na makanisi na mosuni kati na biso. Tosengeli kopikola mosuni kati na motema na misisa na yango.

Kati na ebele na misisa, soki topikoli mosisa oyo ebengami moyimi mpe lolendo, tokoka kolongola mosuni kati na motema na bison a lolenge monene. Tokangamaka kati na mokili mpe mitungisi na biloko na mokili mpo ete tozali na kolula mingi makambo na mosuni. Na bongo tokokanisa tango nioso na nini ezali lifuti na biso moko mpe tokolanda nzela na biso moko, ata soki tokoki koloba ete tobikaka na Liloba na Nzambe. Lisusu, soki tozali na lolendo tokoka kotosa mpe na mobimba te. Tokosalela bwanya na mosuni mpe makanisi na biso na mosuni mpo été tokanisi été tozali na makoki na kosala eloko. Na bongo, tosengeli naino kolongola mosisa ebengami mayimi mpe lolendo.

Kokolisa mabele malamu

Tango nkona elonami na mabele malamu, ikobima mpe ikokola mpona kobota ba mbuma 30,60, 100 na koleka. Ba oyo bazali na elanga na motema eye bazali na bosembo na bango moko te mpe solo bakosalela mabe te lokola ba oyo bazali na mitema lolenge na mabele na balabala. Bazali na mabanga mpe ba nzube te, nde bongo batosaka kaka Liloba na Nzambe na 'iyo' mpe 'Amen'. Na lolenge oyo bakoka kobota mbuma ebele.

Ya solo, ezali pasi mpona kokesenisa mpenza kati na mabele lolenge na balabala, mabele etonda mabanga, mabele etondi ba nzube, mpe mabele malamu na motema na moto lolenge tozali kopima yango na epimelo. Motema lolenge na balabala ekoki mpe kozala na mabele na mabanga kati na yango. Ata mabele malamu ekoki mpe kotia lokuta oyo ezali lokola mabanga na kokola na yango. Kasi ata mabele na lolenge nini, tokoki kokomisa yango mabele malamu soki totimoli yango nokinoki. Lolenge moko, eloko na motuya ezali lolenge nini tokopikola na makasi elanga mbele na motema na lolenge nini tozali na yango.

Ata mabele makasi oyo ebotaka eloko te ekoki kotimolama mpona kokoma elanga malamu mpe mabele malamu soki moloni atimoli yango na makasi mingi mpenza. Lolenge eye, elanga na motema na bato ekoki kobongolama na nguya na Nzambe. Ata motema ekomisama makasi lokola mabele na balabala ekoki kotimolama na lisungi na Molimo Mosantu.

Ya solo, koyamba Molimo Mosantu elakisi te kaka ete motema na biso ekombongwana na mbala moko. Esengeli kozala na makasi na biso mpe lokola. Tosengeli komeka kobondela makasi mpe lokola, komeka kokanisa kaka kati na solo na makambo nioso, mpe komeka kosalela solo. Tosengeli ten a kotika sima na komeka ba poso ebele to at aba sanza ebele, kasi tosengeli kokoba na komeka.

Nzambe Atalaka makasi na biso yambo Apesa biso ngolu na Ye mpe nguya mpe lisungi na Molimo Mosantu. Soki tokobatela kati na bongo nini tosengeli kobongola mpe tokobongola solo bizaleli mana na ngolu mpe nguya na Nzambe mpe lisungi na Molimo Mosantu, bongo nde tokombongwana mingi sima na mbula moko. Tokoloba maloba malamu kolandana na solo, mpe makanisi na biso makombongwana na makanisi malamu oyo ezali kati na solo.

Na lolenge oyo totimoli elanga na motema na biso kati na mabele malamu, ba mbuma misusu na Molimo Mosantu mikobotama mpe kati na biso. Mingi mingi, bopolo ekozala na eloko na kotimolama na elanga na motema na biso. Soki kaka tolongoli bosolo ten a lolenge na lolenge lokola, koyina, likunia, moyimi, koswana, komitombola, mpe bosembo na moto ye moko, tokoka kozala na bopolo te. Nde bongo, milimo misusu mikoka kozwa bopemi kati na biso te.

Mpona tina oyo bopolo etalisama mingi na kobulisama koleka ba mbuma misusu na Molimo Mosantu. Tokoki kozwa nokinoki eloko nioso tosengi na libondeli lokola mabele malamu iye ikobimisaka mbuma, soki tokolisi bopolo na molimo. Tokokoka mpe koyoka malamu mongongo na Molimo Mosantu, mpo ete tokoka kotambwisama na lolenge na bofuluki na makambo nioso.

Mapamboli mpona basokemi

Ezali pete te mpona kotambwisa companie oyo ezali na basali na ba nkoto. Ata soki okomi mokambi na lisanga na maponami, ezali pete te mpona kotambwisa lisanga mobimba. Mpona kokka kosangisa bato ebele boye mpe kotambwisa bango, moto asengeli kokoka kolonga mitema na bato na nzela na bopolo na molimo.

Ya solo, bato bakoki kolanda ba oyo bazali na nguya to ba oyo bazali na misolo mpe bakomonana lokola bakosunga ba oyo na bosenga kati na mokili oyo. Ezali na lisese na Coree eye elobi ete, "Tango imbwa na ministre akufi ezali na ebele na baleli, kasi tango ministre ye moko akufi, ezali na baleli te." Lokola na lisese eye, tokoki solo komona soki moto azali na likabo na boboto na tango abungisi nguya na ye mpe misolo. Tango moto azali na bozwi mpe na nguya, bato bakomonana lokola bakolanda ye, kasi ezali pasi komona moto afanda na moto kino suka ata soki abungisi nguya na ye nioso mpe misolo.

Kasi ye oyo azali na makambo malamu mpe boboto elandami na bato ebele ata soki abungisi nguya mpe bozwi na ye. Bakolandaka ye mpona kozwa misolo te, kasi mpona kozwa bopemi epai na ye.

Ata kati na egelesia, bakambi misusu balobaka ete ezali makasi mpo ete bakoki te kondima mpe koyamba kaka moke na bandimi na cellule. Soki balingi kozala na bolamuki kati na lisanga na bango, basengeli naino kokolisa motema na bopolo oyo ezali petepete lokola coton. Bongo bandimi bakozwa bopemi kati na mokambi na bango, na kosepelaka kimya mpe esengo, mpo ete bolamuki elanda mbala moko. Ba Pasteur mpe ban ganga Nzambe basengeli kozala na bopolo mingi mpe kokoka kondima milema ebele.

Ezali na mapamboli oyo epesamelakka na basokemi. Matai 5:5

elobi ete "Mapambol iepai na basokemi pamba te bakosangola mokili," Na lolenge etalisami likolo, mpona kosangola mokili elingi koloba te ete tokozwa eteni na mabele na mokili oyo. Elakisi ete tokozwa mabele na Lola na lolenge oyo tokolisi bopolo na molimo kati na motema na biso. Tokozwa ndako monene na Lola mpo ete tokoka kobengisa milimo nioso bazwaki kopema epai na biso.

Kozwa esika na koingela monene boye na Lola elakisi mpe ete tokozala na esika na lokumu mingi. Ata soki tozali na eteni monene boye na mabele na mokili, tokoka te komema yango na Lola. Kasi mabele oyo tokozwa na Lola na kokolisaka motema na bopolo ekozala libula na biso eye ekolimwaka soko te mpona libela. Tokosepela esengo na seko na esika na biso elongo na Nkolo mpe balingami na biso.

Na bongo, nakolikya ete bokotimola makasi motema na bino mpo ete ekoka kobimisa mbuma kitoko na bopolo, mpo ete bokoka kosangola eteni monene na mabele lokola libula na bino kati na bokonzi na Lola lokola oyo na Mose.

Mibeko kotelemela makambo yango izali te

Bakolinti 9:25

"Moto na moto oyo akomekama na masano akomiboya na makambo nioso. Bango bakosala bongo mpona kozwa motole mokobeba nde biso mpona yango ekobeba te."

Chapitre 10

Komikanga Motema

Komikanga motema esengami na makambo nioso na bomoi
Komikanga motema moboko mpona bana na Nzambe
Komikanga motema ekokisaka ba mbuma na Molimo Mosantu
Bilembo ete ba mbuma na komikanga motema mibotami
Soki bolingi kobota ba mbuma na komikanga motema

Komikanga Motema

Marathon ezali momekano na mbangu na km 42.195 (miles 26 mpe yards 385). Mopoti asengeli kolandela eteni na ye na kopotela mpona kokoma na mondelo na suka. Ezali na molayi moke te mpona kosilisa nokinoki, bongo basengeli kokima mbango makasi na mbala moko te. Basengeli kobatela distance ekoki kati na kopota nioso, nde na tango bakomi esika esengeli, bakoki kobimisa makasi na suka.

Lolenge moko mpona bomoi na biso. Tosengeli kozala na molende makasi kino suka kati na kopota na biso kati na kondima mpe tolonga etumba na biso moko mpona kozwa elonga. Lisusu, ba oyo balingi kozwa montole na nkembo kati na bokonzi na Lola basengeli kotalisa komikanga motema na makambo nioso.

Komikanga motema esengami na makambo nioso na bomoi

Tokoki komona kati na mokili oyo ete ba oyo bazali na komikanga motema te bakomisaka bomoi na bango na mindondo mpe bamemaka ba kokoso epai na bango moko. Ndakisa, soki baboti bakopesa bolingo mingi epai na muana na bango mobali kaka mpo ete azali muana nnse moko, ekokoma ete muana yango abeba. Lisusu, ata soki bayebi ete basengeli kokamba mpe kolandela mabota na bango, ba oyo bakangama na masano na mbongo to bisengo na lolenge misusu bazali kokweisa mabota na bango pamba te bakoki komikanga motema te. Balobaka ete, "mbala oyo ekozala ya suka. Nakosala yango lisusu te," kasi 'mbala suka wana' ekokoba na kozwa esika mbala na mbala.

Kati na lisolo na kala kati na buke na Chine babengi Bolingo kati na Bokonzi Misato, Zhang Fei atondisami na kolinga mpe na makasi kasi azali motema mokuse mpe na bitumba. Liu Bei mpe Guan Yu, ba oyo bakata seleka na bondeko elongo na ye, bamitungisaka tango nioso ete akoki kosala mbeba. Zhang Fei azwaka toli ebele, kasi akoki mpenza te kobongola bizaleli na ye. Boye, akokutana na mikakatano likolo na motema mokuse na ye. Akobeta mpe kosembola fimbo epai na basinzili na ye ba oyo bakokutana na oyo elingi ye te, mpe bato mibale ba oyo bamonaki ete bazwaki etumbu na likambo basalaki te bakangelaki ye kanda, babomaki ye, mpe bakendaki komikaba na mapinga na bayini.

Lolenge oyo, ba oyo bayebi komikanga motema te bakozokisa bomoto na bato ebele na ndako, mpe na esika na mosala. Ezali pasi te mpona bango komema bozangi koyokana kati na bango mpe basusu, nde bongo bakoki mpenza te kobika na bomoi efuluka. Kasi ba oyo bazali na bwanya bakotia mbeba likolo na bango moko mpe bakokanga motema elongo na basusu ata kati na likambo wapi batumboli bango. Ata soki basusu basali mbeba monene, bakokanga kanda na bango mpe bakokitisa mitema na basusu na maloba malamu. Misala na lolenge oyo mizali na bwanya miye mikolonga mitema na bato ebele mpe ekomema bomi na bango kati na bofuluki.

Komikanga motema, moboko mpona bana ba Nzambe

Na momesano, biso, bana na Nzambe, tozali ba bosenga na komikanga motema mpona kolongola masumu. Moke na komikanga motema tokozala na yango, pasi makasi tokoyoka mpona kolongola masumu. Na tango toyoki Liloba na Nzambe mpe tozwi ngolu na Nzambe, tokobongisa makanisi na biso mpona komibongola, kasi tokoki mpe komekama lisusu na mokili.

Tokoki komona yango na maloba makobima na bibebo na biso. Bato mingi babondelaka mpona kokomisa bibebo na bango bulee mpe na kokoka. Kasi kati na bomoi na bango, babosanaka nini banbondelaki, mpe bakoloba kaka lolenge elingi bango, nakolandaka bizalei na kala. Tango bamoni eloko kokokisama oyo ezali pasi mpona bango kososola mpo ete etelemeli oyo bango bakanisaka malamu, bato misusu bakoyimayima mpe bakomilela mpona yango.

Bakoki ko regreter yango sima na koyimayima, kasi bakoki te komikanga bango moko na tango emotion na bango eumbolami. Lisusu, bato misusu balingaka koloba mingi ete bakokaka kokata ten a tango babandi kosolola. Bazali na bososoli te kati na maloba na solo mpe na solo te, mpe makambo oyo basengelaki koloba to koloba te, nde bakosalaka ba mbeba ebele.

Tokoki kososola lolenge kani komikanga motema ezali kaka na kotala likambo oyo na kokamba maloba.

Komikanga motema ekomisaka na kokoka ba mbuma na Molimo Mosantu

Kasi mbuma na komikanga motema, ezali moko na ba mbuma na Molimo Mosantu, elakisi kaka komikanga biso moko ten a kosalaka masumu. Komikanga motema lokola moko na ba mbuma na Molimo Mosantu ekonzaka ba mbuma misusu na

Molimo Mosantu mpo ete bikoka kokoma na kokoma. Mpona yango, mbuma na liboso na Molimo ezali bolingo mpe ya suka ezali komikanga motema. Komikanga motema emonanaka mpenza te koleka ba mbuma misusu, kasi ezali motuya mingi. Ezali kokonza makambo nioso mpo ete stabilite ezala, organization mpe bongo. Etalisami ya suka kati na ba mbuma misusu na Molimo mpo ete ba mbuma misusu makoki kokomisama na kokoka na nzela na komikanga motema.

Ndakisa, ata soki tozali na mbuma na esengo, tokoki kaka te kotalisa esengo na biso esika nioso na tango nioso. Na tango bato misusu bazali koleka kati na matanga, soki bozali na esekeli monene na elongi na bino, nini bango bakoki koloba mpona bino? Bakoloba te ete bozali na gracia mpo ete bozali komem mbuma na esengo. Ata soki esengo na kozwa lobiko ezali mpenza monene, tosengeli kokonza yango kolandana na ba situation. Na lolenge oyo tokoki kokomisa yango mbuma na solo na Molimo Mosantu.

Ezali motuya ete tozala na komikanga motema na tango tozali sembo epai na Nzambe mpe lokola. Mingi, soki bozali na misala mongi, bosengeli kobongisa ngonga na bino lolenge esengeli mpo ete bokoka kozala esika bolingi kozala na koleka na tango oyo esengeli. Ata na tango bokutani moko ememi ngolu mingi, bosengeli kosilisa yango na tango esengeli. Na lolenge oyo, mpona kozala sembo na ndako mobimba na Nzambe, tozali na bosenga na komikanga motema.

Ezali lolenge moko na ba mbuma nioso na Molimo Mosantu eye etikali, kosangisa bolingo, mawa, bolamu, bongo na bongo. NAa tango mbuma oyo ebotami kati na motema etalisami na misala, tosengeli kolanda kotambwisama mpe mongongo na Molimo Mosantu mpona kokomisa yango na kokoka. Tokoki kosala ete mosala esalema liboso mpe oyo mosusu ekosalema sima. Tokoki kotala soki tosengeli kokende liboso to kozonga sima. Tokoki kozala na bososoli na lolenge oyo na nzela na mbuma na komikanga motema.

Soki moto moko aboti ba mbuma na Molimo Mosantu na kokokisama, elakisi ete azali kolanda pba posa na Molimo Mosantu na makambo nioso. Mpona kolanda ba posa na Molimo Mosantu mpe kosala na kokokisama, tosengeli kozala na mbuma na komikanga motema. Yango tina tolobaka ete ba mbuma nioso na Molimo Mosantu rkokisamaka na nzela na mbuma na kokanga motema, mbuma na suka.

Bilembo na kotalisa ete mbuma na komikanga motema ebotami

Na tango ba mbuma misusu na Molimo Mosantu ebotami kati na motema italisami na miso, mbuma na komikanga motema ekomi lokola ndako na kokata makambo eye ememaka harmony mpe molongo. Ata soki tozwi likambo moko malamu kati na Nkolo, kozwa nioso esengeli na bino ezali tango nioso na koleka te. Tolobaka ete eloko moko na kolekisa ezalaka mabe koleka eloko ezangi. Na molimo mpe, tosengeli kosala nioso na bokebi na kolandaka ba posa na Molimo Mosantu.

Sasaipi botika ngai nalimbola lolenge nini mbuma na komikanga motema ekoki kotalisama na mozindo.

Yambo, tokolanda molongo to hierarchie na makambo nioso.

Na kososola esika na biso kati na molongo, tokososola tango nini tosengeli kosala to mpe te mpe maloba nini tosengeli koloba to koloba te. Bongo, koswana moko ekozala te, kowelana, to mpe bozangi kososolana. Lisusu, tokosala eloko moko te oyo esengeli te to makambo oyo ekoleka mondelo na ebonga na biso. Ndakisa, toloba ete mokambi na lisanga na mission asengi na administrateur asala mosala moko. Administreteur oyo atondisami na makasi, mpe akanisi été azali na likanisi malamu koleka, nde abongoli likambo na mayele na ye moko, mpe asali mosala lolenge wana. Bongo, ata soki asalaki na makasi mingi, abatelaki molongo te na kobongola makambo likolo na bozangi na komikanga motema.

Nzambe Akoki kotala biso likolo mingi na tango tozali kolanda molongo kolandana na ba position ekesana kati na masanga na mission kati na egelesia, lokola president, vice president, administrateur, secretaire, to tresorier. Bakambi na biso bakoki kozala na ba lolenge mingi na kosalaka makambo koleka biso. Bongo, ata soki lolenge na biso ekomonana malamu koleka mpe ekoki kobotisa ba mbuma ebele, tokoka te kobota ba mbuma ebele soki molongo mpe kimya ekweisami. Satana asalaka tango nioso tango kimya ezali te, mpe mosala na Nzambe ekobebisana. Mbele soko likambo moko ezali mpenza solo te, tosengeli kokanisa mpona lisanga mobimba, mpe kotosa mpe kolanda kimya kolandana na molongo mpo ete makambo nioso masalema na kitoko.

Mibale, tokoki kotala eloko na kati, ngonga, mpe esika ata na tango tozali kosala likambo malamu.

Ndakisa, koganga kati na mabondeli ezali likambo moko malamu, kasi soki bokoganga na esika nioso na komikanga te, ekoki kopesa soni na Nzambe. Lisusu, tango bozali koteya Sango Malamu to kotala bandimi mpona kopesa bango mateya na molimo, bosengeli kozala na bosossoli na maloba bozali koloba. Ata soki bozali kososola makambo na mozindo na molimo, bokoki kaka te kolobela yango na moto nioso. Soki bobimisi eloko oyo ekokani te na etape kati na kondima na molandi, nde ekoki kobetisa moto yango libaku to kosambisa mpe kokatela mabe.

Na makambo misusu, moto akoki kopesa litatoli na ye to koloba oyo ye asosolaki na molimo epai na bato oyo bazali na misala misusu na kosala. Ata soki mateya mazali kitoko mingi, akoka te solo kolendisa basusu soko kaka yango epesami na ngonga esengeli. Ata soki basusu bakoki koyoka ye na kozala kilikili te, bakoki mpenza te kopesa matoyi na litatoli mpo ete bazali na misala mpe likololikolo. Tika ngai napesa ndakisa mosusu. Na tango paroise mobimba to mpe lisanga na bato bazali na makutani na ngai mpona koyeba nini, mpe soki moto akokoba na kolebelaka kaka litatoli na ye, nini ekosalema kati na makutani yango? Moto yango azali kopesa nkembo epai na Nzambe mpo ete atondisami na ngolu mpe na Molimo, Kasi lokola lifuti, moto oyo azali kosalela ngonga nioso oyo epesamelaki lisanga mobimba, mpona ye moko. Yango ezalemaka mpona bozangi na komikanga motema. Ata soki bozali kosala eloko moko malamu mingi, bosengeli kotala situation na lolenge nioso mpe bozala na komikanga motema.

Misato, tozangi motema petee te to mpe na mbangumbangu te, kasi na kimya nde bongo tokoka kosala na situation nioso na bososoli.

Ba oyo bazali na komikanga motema te bazangaka motema petee mpe bazanga botosi mpona bato misusu. Na lolenge bazali mbangumbangu, bazali na nguya moke na bososoli, mpe bakoki kozanga makambo misusu na motuya. Na mbangu bakosambisa mpe bakokatela mabe yango ememaka bozangi malamu epai na bato. Mpona ba oyo bakokakak kokanga motema ten a tango bazali koyoka to mpe kozongisela basusu, basalaka ba mbeba ebele. Tokoki te kokata moto azali koloba mpona bozangi kozela. Tosengeli kolanda na bokebi kino suka mpo ete tokoka kokatela nikinoki. Lisusu, na lolenge oyo tokoki kososola makanisi na moto yango mpe kozongisela na lolenge esengeli.

Liboso na ye koyamba Molimo Mosantu Petelo azalaki na ezaleli na kozanga kokanga motema mpe ezaleli na kobima. Azalaki komeka komikanga makasi liboso na Yesu, kasi ata bongo, ezaleli na ye ezalaki tango mosusu kotalisama. Ta tango Yesu Alobelaki na Petelo ete akowangana Ye liboso na kobakama na Ye na ekulusu, Petelo na mbala moko abwakisaki yango elobaki Yesu, nakolobaka ete akotikalaka koboya Nkolo te.

Soki Petelo azalaka na mbuma na komikanga motema, akokaki kaka koboya oyo Yesu Alobaki te, kasi alingaki koluka koyanola oyo esengelaki koyanola. Soki ayebaki ete Yesu Azali muana na Nzambe, mpe ete akokaki koloba likambo na pamba te, asengelaki kobatela maloba ma Yesu kati na bongo na ye. Na kosalaka bongo, akokaki kokeba na kokoka nde bongo wana ekokaki kokoma te. Bososoli esengela eye ememaka biso na kozongisa lolenge esengeli ewutaka na komikanga motema.

Bayuda bazalaka na lolendo kati na bango. Bazalaki mpenza na lolendo nde babatelaki Mobeko na Nzambe makasi mpenza. Mpe wuta Yesu Apamelaki Bafalisai mpe Sadala ba oyo bazalaki bakambi na mai politike mpe mai boNzambe, bakokaki kozala na makanisi malamu te epai na Ye. Mingi, na tango Yesu Alobaki ete Azali Muana na Nzambe, bamonaki yango lokola kotuka Nzambe. Na tango wana elambo na mingombo ekomaki pembeni. Na tango na kobuka, bazalaki kotia mingambo mpona kokanisa Kobima mpe kopesa matondi epai na Nzambe. Bato bameseneke komata na Yelusaleme mpona kosepela milulu yango.

Kasi Yesu Azalaki kokende Yelusaleme tea ta soki elambo ekomaki pembeni mpenza, mpe bandeko ba Ye balobelaki Ye ete Akende Yelusaleme, Atalisa bikamwa, mpe Amitalisa mpona kozwa ebele na baton a ngambo na Ye (Yoane 7:3-5). Balobaki ete, "mpo ete moto akosalaka makambo nan kuku te wana elingi ye koyebana" (v.4). Ata soki likambo emonani lokola kozala malamu, ezali na likambo na Nzambe te kaka soki yango ekokani na mokano na Ye. Mpona makanisi na bango moko, at aba ndeko na mibali na Yesu bakanisaki ete ezalaki sembo ten a tango bamonaki Yesu kozela na kimya tango na Ye ekoka.

Soki Yesu Azalaka na komikanga motema te, Akokaki komata mbala moko na Yelusaleme mpona komitalisa. Kasi aningisamaki na maloba na bandeko ba Ye soko te. Azalaki kaka kozela ngonga esengelaki mpe mpona mokano na Nzambe etalisama. Nde bongo Amataki na Yelusaleme. Asalaki na mokano na Nzambe na koyeba malamu tango nini kokenda mpe tango nini kokenda te.

Soki bolingi kobota mbuma na komikanga motema

Na tango tozali kosolola na basusu, mbala mingi maloba na bango mpe kati na mitema na bango mikesana. Basusu bamekaka kotalesa ba mbeba na bato misusu mpona kobomba mbeba na bango moko. Bakoki kosenga eloko mpona kokokisa lokoso na bango moko, kasi bakosenga yango lolenge esengelaki mpona moto mosusu. Bakomonana lokola batuni motuna mpona kososola mokano na Nzambe, kasi solo, bazali koluka eyano oyo balingi koyoka. Soki osololi na bango na kimya, tokoka komona ete motema na bango etalisami.

Ba oyo bazali na komikanga motema bakoningisama na pete te na maloba na bato misusu. Bakoki koyoka basusu na kimya mpe bakoki kososola solo na misala na Molimo Mosantu. Soki basosoli na komikanga motema mpe bayanoli, bakoki kokitisa ba mbeba ebele miye mikoki koya likolo na decision mabe. Na lolenge wana, bakozala na mpifo mpe kilo na maloba na bango, nde maloba na bango makoki kozala na makasi eleki epai na basusu. Sasaipi, lolenge nini tokoki kobota mbuma motuya oyo na komikanga motema?

Yambo tosengeli kozala na mitema mi mbongwanaka te.

Tosengeli kokolisa motema na solo oyo ezanga lokuta mpe makambo nan sense. Bongo tokoki kozwa nguya na kosala oyo elingi biso kosala. Ya solo, tokoki kaka te kokolisa motema eye na mokolo moko. Tosengeli kokoba na komisalela, kobanda na kobatela mitema na biso na makambo mike.

Ezalaki na molakisi moko mpe na moyekoli na ye. Mokolo moko bazalaki koleka na wenze mpe basusu kati na batekisi kati na wenze basosolaki bango malamu te mpe babandaki koswanisa bango. Byekoli bazwaki nkanda mpe bakotaki na koswanisa bango, kasi molakisi azalaki na kimya. Sima na bango kobima na wenze, azwaki kati na armoire mikanda. Mikanda mizalaki na makomi na bato bafundaki ye na tin ate, mpe atalisaki yango na bayekoli ba ye.

Bongo alobaki ete, "Nakoki te kokima kososolama mabe. Kasi nalandaka te ete bato basosola ngai mabe. Nakoki te kokima bosoto nay ambo eyei epai na ngai, kasi nakoki kokima bozoba na kozwa salite na mibale.

Awa, bosoto na liboso ezali kokoma eloko na matongi na bato misusu. Ya mibale ezali koyoka malamu te mpe kobanda koswana mpe kowelana likolo na matongi na lolenge oyo.

Soki tokoki kozwa motema oyo ezali lolenge na molakisi oyo, tokoningisama ten a likambo na lolenge nini. Kasi kutu tokokoka kobatela mitema na biso mpe bomoi na biso ekozala na kimya. Ba oyo bakoki kobatela mitema na bango bakoki komikamba bango moko na makambo nioso. Na lolenge tolongoli mabe na lolenge nioso lokola koyina, likunia, zua, tokoki kondimama mpe kolingama na Nzambe.

Makambo baboti na ngai balakisaka ngai na bomwana na ngai

masungaki ngai mingi na mosala na ngai nan ganga Nzambe. Na tango nalakisamaka likolo na lolenge na koloba, etamboli, mpe bizaleli misengeli mpe, nayekolaka kobatella motema na ngai mpe komitala. Na tango totali makanisi na biso, tosengeli kobatela yango mpe kobongola yango ten a kolandaka lifuti na biso moko. Na lolenge tokomatisa makasi oyo, tokozala solo na motema oyo embongwanaka te mpe tokozwa nguya na komikanga motema.

Elandi, tosengeli komekaka koyoka ba mposa na Molimo Mosantu na kolandaka liboso makanisi na biso moko te.

Na lolenge toyekoli Liloba na Nzambe, Molimo Mosantu Akotika biso toyoka mongongo na Ye na nzela na Liloba toyekolaki. Ata soki bafundi bison a likambo tosalaki te, Molimo Mosantu Akolobela na biso tolimbisa mpe tolinga. Bongo, tokoki kokanisa ete,'Moto oyo asengeli kozala na tina na kosala oyo azali kosala. Nakomeka kosala ete bososoli mabe na ye elongwa na kosololaka na ye na lolenge na baninga.' Soki soki motema na biso ezali na lokuta mingi, tokoyoka naino mongongo na Satana. 'Soki natiki ye pamba, akokoba na kotala ngai pamba. Nasengeli kopesa ye etumbu.' Ata soki tokoki koyoka mongongo na Molimo Mosantu, tokozanga yango mpo ete eyokani nan se mingi, kopimama na mongongo na makanisi mabe.

Boye, tokoki koyoka mongongo na Molimo Mosantu na tango tolongoli nokinoki lokuta oyo ezali kati na mitema na biso mpe tobateli Liloba na NZambe kati na mitema na biso. Tokokoka kokoba na koyoka mongongo na Molimo Mosantu na koleka na lolenge tozali kotosa ata mongongo na nse na Molimo Mosantu.

Tosengeli komeka koyoka na liboso mongongo na Molimo Mosantu, esika na kokanisa nini tozali kokanisa nde esengeli to nini tokanisi ezali malamu. Bongo, na lolenge tozali koyoka mongongo na Ye mpe toyambi kopusama na Ye, tosengeli kotosa yango mpe kotia yango na misala. Na lolenge tokokoba na kopesa matoyi mpe na kotosa posa na Molimo Mosantu na tango nioso, tokokoka kososola ata mongongo na nse mingi na Molimo Mosantu. Nde bongo, tokokoka kozala na harmony kati na makambo nioso.

Na tango moko, ekoki komonana ete mbuma na komikanga motema ezali na mosala na suka kati na ba mbuma nioso libwa na Molimo Mosantu. Kasi, ezali motuya na makambo nioso na ba mbuma misusu. Ezali komikanga motema nde ekonzaka ba mbuma nioso mwambe na Molimo Mosantu, lokola: bolingo, esengo, kimya, motema petee, boboto, bolamu, bosembo, mpe bopolo. Lisusu, ba mbuma nioso mwambe mikokokisama kaka na mbuma na komikanga motema, mpe mpona tina oyo mbuma na suka komikanga motema ezali motuya mingi.

Moko na moko na ba mbuma oyo na Molimo Mosantu ezali na motuya koleka mpe na kitoko koleka libanga na talon a lolenge nioso na mokili oyo. Tokoki kozwa eloko nioso tokosenga na libondeli mpe tokofuluka na makambo nioso soki tokobota ba mbuma na Molimo Mosantu. Tokoka mpe kotalisa nkembo na Nzambe na kotalisa nguya mpe mpifo na pole kati na mokili oyo. Nakolikya ete bokolikya mpe bokozwa ba mbuma na Molimo Mosantu koleka bozwi niso na mokili oyo.

Bagalatia 5:22-23

""Nde mbuma na Molimo izali boye:

bolingo, esengo, kimya, motema petee,

boboto, bolamu, kondima,

bopolo, komikanga motema;

Mobeko kotelemela makambo yango izali te."

Chapitre 11

Mibeko kotelemela makambo yango izali te

Pamba te bobengama na bonsomi
Tambola na Molimo
Ya liboso na ba mbuma libwa ezali bolingo
Mibeko kotelemela makambo yango izali te

Mibeko kotelemela makambo yango izali te

Ntoma Polo Azalaki Yuda kati na Bayuda, mpe azalaka kokende na Damaseke mpona kokanga Bakristu. Kasi na nzela na ye, akutanaki na Nkolo mpe atubelaki. Atikalaki kososola solo kati na Sango Malamu te esika wapi moto abikisamaka na nzela na kondima na ye na Yesu Christu na ngonga wana, kasi sima na ye kozwa likabo na Molimo Mosantu ayaka komema Sango Malamu epai na ba paya na lisungi na Molimo Mosantu.

Makabo libwa na Molimo Mosantu ekomama kati na chapitre 5 na buku na Bagalatia, oyo ezali moko na ba episiko nay o. Soki tososoli likambo na tango wana, tokoki kososola tina nini Polo akomaka Bagalatia mpe bini motuya ezali mpona Bakristu kobota mbuma na Molimo.

Pamba te bobengama na bonsomi

Na mobembo na ye na liboso lokola missionaire Polo akendaka na Galatia. Kati na synagogue, ateyaka Mobeko na Mose mpe kokata ngenga te, kasi kaka Sango Malamu na Yesu Christu. Maloba ma ye matalisamaki na bilembo, mpe bato mingi bazwaki lobiko. Bandimi na lingomba na Galatia balingaka ye mingi mpenza été, soki ekokaki, bakokaki kopikola miso na bango mpe kopesa yango Polo.

Sima na Polo kosilisa mobembo na ye na liboso lokola missionaire azongaki na Antioche, likambo ebimaki kati na egelesia. Bato misusu bawutaki Yudea mpe balakisaki ete bapaya basengelaki kokata ngenga mpona kozwa lobiko. Polo mpe Banaba bakotaki na kolobana mpe koyokana ten a bango.

Bandeko bazwaki ekateli ete Polo na Banaba mpe ndambo na misusu bamata na Yelusaleme epai na ba ntoma mpe ba mpaka mpona makambo matali oyo. Bayokaki posa ya kokoma na suka likolo na Mobeko na Mose na tango bazali koteya Sango Malamu epai na bapaya kati na egelesia na Antioche mpe na Galatia.

Misala chapitre 15 elimboli likambo liboso mpe na sima na bokutani na Yelusaleme, mpe kowuta na yango tokoki komona lolenge nini likambo yango ezalaki makasi na tango wana. Ba ntoma ba oyo bazalaki bayekoli na Yesu, mpe bampaka mpe bakambi na egelesia basanganaka mpe bazalaka na masolo na kafukafu, mpe basukisaka ete bapaya basengelaki kozala mosika na biloko ekutanaka na ba nzambe na bikeko mpe na ekobo mpe na banyama bakamolami kingo mpe na makila.

Batindaki bato na antioche mpona kopesa mokanda esengeli oyo ekomaki likolo na mokano na suka na makutani, wuta antioche ezalaki esika na katikati mpona Sango Malamu epai na Bapaya. Bapesaki mua bonsomi epai na Bapaya mpona kobatela Mobeko na Mose mpo ete ekozala pasi mingi mpona bango babateli Mobeko kaka lolenge moko na Bayuda. Lolenge oyo, Mopaya nioso akokaki kozwa lobiko na kondimela Yesu Christu.

Misala 15:28-29 elobi ete, "Mpo ete emonanaki malamu na Molimo Mosantu mpe na biso kotiela bino mikumba mosusu te, bobele makambo oyo mabongi, ete boboya biloko bipesameli bikeko, na makila, na banyama bakamolani, na ekobo. Soki bokomibatela na makambo oyo, bokosala malamu. Botikala malamu."

Makambo na suka na makutani na Yelusalema epesamaki na ba egelesia, kasi ba oyo basosolaki solo na Sango Malamu te mpe lolenge na ekulusu bakobaki na kolakisa kati na egelesia ete bandimi basengelaki kobatela mibeko na Mose. Basakoli misusu mpe na lokuta bakotelaki egelesia mpe baningisaki bandimi na kotongaka ntoma Polo oyo alakisaki Mobeko te.

Na tango likambo na lolenge oyo esalemaki kati na egelesia na Galatia, Polo ntoma alimbolaki kati na mokanda na ye, likolo na bonsomi na solo na Bakristu. Nakoloba ete nameseneki kobatela na makasi kasi akomaki aposolo na Bapaya sima na kokutana Nkolo, Mobeko na Mose alakisaki bango solo na Sango malamu nakoloba ete," "Natuna bino bobele likambo oyo moko ete, bozui Molimo mpona misala na Mibeko soko mpona koyoka na kondima? Bozali na bolema boye? Bino bobandaki na Molimo, bozali konsuka na nzoto? Boyokaki makambo mingi bobele mpamba? Soko na solo mazalaki nde mpamba? Ye oyo Akopesaka bino Molimo mpe akosalaka misala na nguya kati na bino, akosala bongo mpona misala na Mibeko soko mpona koyoka na kondima?" (Bagalatia 3:2-5)

Abakisaki ete Sango Malamu na Yesu Christu oyo alakisaka ezali solo mpo ete ezalaki emoniseli na Nzambe, mpe tina oyo bapaya basengelaki kokata ngenga na esute na bango te ezalaki mpo ete ya motuya ezalaki kokata ngenga na mitema na bango. Alakisaki mpe bango likolo na mposa na mosuni mpe oyo na Molimo Mosantu, mpe likolo na misala na mosuni mpe ba mbuma na Molimo Mosantu. Ezalaki mpona kotika bango na kososola lolenge nini basengelaki kosalela bonsomi na bango oyo bazwaki na solo na Sango Malamu.

Botambola na Molimo

Bongo,, nini ezali tina na Nzambe Apesa Mobeko na Mose? Ezalaki mpo ete bato bazalaki mabe mpe basosolaki masumu lokola masumu te. Nzambe Atikaki ete bazala na bososoli na masumu, mpe Atika bango basilisa likambo na masumu mpe bakota na bosembo na Nzambe. Kasi likambo na masumu ekokaki kosilisama ten a misala na Mobeko, nde mpona tina oyo, Nzambe Atikaki bato bakoma na bosembo na Nzambe na nzela na kondima kati na Yesu Christu. Bagalatia 3:13-14 etagi ete, "Kristo asikoli bison a elakeli mabe na Mibeko awa Akomaki Ye eloko elakelami mabe mpona biso, lolenge ekomami ete, 'moto na moto oyo akakemi na nzete alakelama mabe'. Lolenge moko lipamboli na Abalayama ekokomela bapagano na nzela na Yesu Klisto ete toyamba elaka na Molimo na nzela na kondima."

Kasi elakisi te ete Mobeko elongwaki. Yesu Alobaki na Matai 5:17 ete, "Bokanisa te ete nayei kokangola makambo na Mibeko mpe basakoli. Nayei kokangola yango te kasi kokokisa yango." mpe elobi na verset elandi ete, ""Pamba te nakoloba na bino ete, soko boyengebene na bino ekoleka yango na bakomi na mibeko na Bafalisai te, bokoingela na bokonzi na likolo te.."

Ntoma Polo alobelaki na bandimi na egelesia na Galatia ete, "Bana na ngai nazali lisusu na mpasi na kobota bino, kino ekoyemama Kristu kati na bino" (Bagalatia 4:19), mpe mpona kokanga apesaki bango toli na koloba ete, "Pamba te, bobiangami ete bozala bansomi, bandeko. Kasi tika te ete bonsomi na bino bopesa nzela na mposa na nzoto, nde bosalelana lokola baombo na bolingo. Mpo ete mibeko mobimba ikokisami na liloba moko ete, 'Olinga mozalani nay o lokola okomilingaka yo moko'Nde soko bokoswanaka mpe bokolianaka, bokeba ete bobebisana te. (Bagalatia 5:13-15).

Lokola bana na Nzambe ba oyo bayambi Molimo Mosantu, nini esengeli na biso kosala mpe kosalela moto na moto na nzela na bolingo kino tango Christo Akotongama kati na biso? Tosengeli kotambola na Molimo Mosantu mpo ete tokoka komema ba posa na nzoto te. Tokoki kolinga bazalani na biso mpe tozala na lolenge na Christu kati na biso soki toboti ba mbuma libwa na Molimo Mosantu na nzela na kotambwisama na Ye.

Yesu Christu azwaki kolakelama mabe na Mobeko na kobakama na ekulusu ata soki Asalaki likambo moko te. Mpe na nzela na Ye tozwaki bonsomi. Mpona biso kokoma lisusu te baumbo na masumu, tosengeli kobota ba mbuma na Molimo.

Soki tosali lisusu masumu na bonsomi oyo mpe tobaki lisusu Nkolo na ekulusu na kosalaka misala na nzoto, tokosangola Bokonzi na Nzambe te. Na bokeseni, soki toboti mbuma na

Molimo na kotambolaka kati na Molimo, Nzambe Akobatela biso mpo ete moyini zabolo mpe Satana bakoka kosala biso mabe te. Lisusu, tokozwa nioso tokosenga na mabondeli.

"Balingami soko mitema na biso mikokweisaka biso te, tozali na molende liboso na Nzambe mpe soko tokolomba eloko nini, tokozwa yango epai na Ye mpo ete tokokokisa malako na Ye mpe tokosalaka makambo mazali malamu na miso na Ye. Lilako na Ye ezali boye ete, tondima nkombo na Mwana na Ye Yesu Christu mpe tolingana pelamoko elakaki Ye biso lilako." (1 Yoane 3:21-23).

"Toyebi ete moto na moto oyo asili kobotama na Nzambe akosalaka masumu te; mpo ete Ye oyo Abotami na Nzambe Akobatela ye mpe oyo mabe akotiela ye loboko te." (1 Yoane 5:18).

Tokoki kobota mbuma na Molimo mpe tosepela bonsomi na solo lokola BaKristu na tango tozali na kondima na kotambola kati na Molimo mpe kondima oyo esalaka na nzela na bolingo.

Ya liboso kati na ba mbuma libwa ezali bolingo

Mbuma ya liboso kati na ba mbuma libwa na Molimo ezali bolingo. Bolingo lolenge na 1 Bakolinti 13 ezali bolingo na kokolisa bolingo na molimo na tango bolingo lokola moko na ba mbuma na Molimo Mosantu ezali na etape likolo koleka; ezali bolingo ezanga suka mpe ndelo, yango ekokisaka Mobeko. Ezalin bolingo na Nzambe mpe Yesu Christu. Soki tozali na bolingo na lolenge oyo, tokoki komikaba mbeka na mobimba na lisungi na Molimo Mosantu.

Tokoki kobota mbuma na esngo na lolenge tokolisi bolingo oyo, mpo ete tokoka kosepela mpe tozala na makasi na likambo na lolenge nioso. Lolenge oyo, tokozala na likambo moko ten a moto nani, nde tokobota mbuma na kimya.

Na lolenge tokobatela kimya na Nzambe, na biso moko, mpe moto nioso, tokobota na lolenge esengeli mbuma na motema petee. Lolenge na motema petee oyo Nzambe Alingaka ezali ete tobomba eloko te mpo ete tozali na bolamu ekoka mpe solo kati na biso. Soki tozali na bolingo na solo, tokoka kondima mpe kososola moto na lolenge nioso na kozanga koyoka mabe. Bongo, tokosengela kolimbisa to mpe kokanga kati na motema na biso.

Tango tozali na motema petee epai na basusu kati na bolamu, tokobota mbuma na boboto. Soki kati na bolamu tozali na motema petee ata na ba oyo tokoki solo kososola te, nde bongo, tokoka kotalisa bango boboto. Ata soki bakosala makambo mazali mpenza libanda na nzela, tokososola lolenge na bango mpe tokondima bango.

Ba oyo baboti mbuma na boboto bakozala mpe na bolamu. Bakomona basusu malamu koleka bango moko mpe bakoluka mpona lifuti na basusu lolenge moko na oyo na bango. Bakoswana na moto moto moko te, mpe bakotombola mongongo na bango te. Bakozala na motema na Nkolo oyo akataka lititi motutami te to mpe alongola moto lokola lotambe lizimami. Soki bokobota mbuma na bolamu na lolenge oyo, okotelemela na makanisi nay o moko te.okozala kaka sembo na ndako mobimba na Nzambe mpe okozala na bopolo.

Ba oyo bazali na bopolo bakozala libaku mpona moto moko te, mpe bakoki kozala na kimya na moto nioso. Bakozwa motema na boboto mpo ete bakoka kosambisa te to kokatela mabe kasi kaka kososola mpe kondima basusu.

Mpona kobota ba mbuma na bolingo, esengo, kimya, mottema petee, boboto, bolamu, bosembo, mpe bopolo na kokokisama, basengeli kozala na komikanga motema. Bofuluki kati na Nkolo ezali malamu, kasi misala na Nzambe esengeli kokokisama na kolanda molongo. Tozali na bosenga na komikanga motema mpona kosala eloko na koleka te, ata soki ezali lakambo malamu. Na lolenge tokolanda mokano na Molimo Mosantu na lolenge oyo, Nzambe Akomema misala nioso masala malamu mpona bolamu.

Mibeko kotelemela makambo yango izali te

Mosungi Molimo Mosantu, Akambaka bana na Nzambe kati na solo mpo ete bakoka kosepela bonsomi na solo mpe esengo. Bonsomi na solo ezali lobiko na masumu mpe na nguya na Satana oyo amekaka kotelemela bison a kosalela Nzambe mpe kosepela bomoi na esengo. Ezali mpe esengo ezwama na kozala na boyokani na Nzambe.

Lolenge ekomama kati na Baloma 8:2 ete, "Mibeko iyebaki kosunga te mpona bolembu na nzoto; kasi Nzambe Asili kotinda Mwana na Ye moko na lolenge na nzoto na masumu ete Asambisa masumu kati na nzoto." Ezali bonsomi oyo ekoki kozwama kaka tango biso tondimi kati na motema na biso Yesu Christu mpe totamboli kati na Pole. Bonsomi eye ekoki kokokisama na makasi na bato te. Ekoki te kozwama soki ngolu na Nzambe ezali te, mpe ezali lipamboli oyo tokoki kosepela na yango tango nioso kaka soki tobateli kondima na biso.

Yesu mpe aloba na Yoane 8:32 ete, "...mpe bokoyeba solo, mpe solo ekosikola bino." Bonsomi ezali solo, mpe yango ekombogwanaka te. Ekomaka bomoi kati na biso mpe ekomema bison a bomoi na seko. Ezali na solo te kati na mokili oyo na biloko ekufaka mpe na mbongwana; kaka Liloba na Nzambe eye embongwanaka te ezali solo. Mpona koyeba solo ezali koyekola Liloba na Nzambe, kobatela yango na motema, mpe kotia yango na misala.

Kasi ekoki tango nioso kozala pete mpona kosalela solo. Bato bazali na solo te oyo bayekolaka liboso na bango koya na koyeba Nzambe, mpe solo te oyo ekopekisa bango na kosalela solo. Mobeko na mosuni oyo elingaka kolanda lokuta mpe mobeko na Molimo na bomoi oyo elingaka kolanda solo ikobanda kobundisama (Bagalatia 5:17). Yango ezali etumba mpona kozwa bonsomi na solo. Etumba oyo ikokoba kino kondima na biso ekomisami makasi mpe totellemi na libanga na kondima oyo eningisamaka te.

Na lolenge totelemi na libanga na kondima, ekomonan pete na koleka mpona kobunda etumba malamu. Na tango tolongoli mabe na lolenge nioso mpe tobulisami, wana ekozala tango tokokoka nde kosepela bonsomi na solo. Tokosengela lisusu te kobunda etumba malamu mpo ete tokosalela kaka solo na tango nioso. Soki toboti mbuma na Molimo Mosantu na kotambwisama na Ye, moto moko te akoka kotelemela biso na kozala na bonsomi na solo.

Yango tina Bagalatia 5:18 etangi ete, "Nde soki bokambami na Molimo bozali na nse na mibeko te," mpe verset eye elandi 22-23 etangi été, "Nde mbuma na Molimo ezali boye: bolingo, esengo, kimya, motema petee, boboto, malamu, kondima, bopolo mpe komikanga motema. Mibeko kotelemela makambo yango izali te."

Sango na ba mbuma libwa na Molimo Mosantu ezali lokola fongola mpona kofungola ekuke na mapamboli. Kasi kaka mpo ete tozali na fongola na ekukke nde ekuke ekofungwama na yango moko. Tosengeli solo kokotisa fongola kati na ekangeli na ekuke mpe tofongola yango. Mpe lolenge moko ekosalema mpona Liloba na Nzambe. Ata toyiki mbala boni, ezali naino ya biso mpenza te. Tokoki kozwa mapamboli eye efandisamaka kati na Liloba na Nzambe kaka soki totie yango na misala.

Matai 7:21 elobi ete, "Moto na moto oyo akolobaka na ngai, Nkolo! Nkolo akoingela kati na Bokonzi na Likolo te kasi ye oyo akosalaka mokano na Tata na ngai oyo Azali na Likolo." Yakobo

1:25 elobi ete, "Nde ye oyo azali kotala na Mobeko mobongi , Mobeko na bonsomi mpe aumeli kotalatala wana azali moyoki mpe akobosana te kasi akosalaka misala.; ye wana akozala na esengo kati na misala na ye."

Mpona biso kozwa bolingo na Nzambe mpe mapamboli ma Ye, ezali motuya tososola nini ba mbuma libwa na Molimo Mosantu mizali, kobatela yango kati na mitema na biso, mpe solo kobota ba mbuma wana na kosalelaka Liloba na Nzambe. Soki toboti na kokoka ba mbuma na Molimo Mosantu na kosalelaka mpenza solo, tokosepela bonsomi na solo kati na solo. Tokoyoka malamu mongongo na Molimo Mosantu mpe tokotambwisama na ba nzela na biso nioso, mpo ete tokoka kofuluka na makambo nioso. Na bondeli na nkombo na Nkolo ete bokosepela lokumu monene kati na mokili oyo mpe na Yelusaleme na Sika, esika na bison a suka mpona kokoma kati na kondima.

Mokomi:
Dr. Jaerock Lee

Dr Lee abotama na Muan Province na Jeonnam, Republique na Coree, na 1943. Na tango azalaka na ba ntuku mibale ma ye, Dr. Lee anyokwama na ba bokono kilikili mpona b ambula sambo mpe azalaka kaka kozela kufa na elikya moko te na kozongela nzoto malamu. Kasi mokolo moko kati na tango moi elingaka kokoma makasi mingi na 1974 akambamaki na egelesia epai na kulutu na ye ya muasi mpe na tango afukamaki mpona kobondela, Nzambe na bomoi Abikisaki ye na mbala moko na ba malady ma ye nioso.

Wuta mokolo akutanaki na Nzambe na bomoi na nzela na likambo wana na kokamwisa, Dr. Lee alinga Nzambe na motema na ye mobimba kati na bosolo, mpe na mbula 1978 abiagamaki mpona kokoma mosali na Nzambe. Abondelaka makasi mingi na kokila mingi na bilei mpo ete akoka kososola malamu mingi mokano na Nzambe, akokisa yango na mobimba mpe atosa Liloba na Nzambe. Na 1982, abandisaka Manmin egelesia Central na Seoul, Korea na ngele, mpe misala mingi na Nzambe, ata, bikamwa na lobiko, bilembo mpe bikamwiseli, mibanda kati na lingomba na ye.

Na 1986, Dr. Lee azalaki ordonner lokola Pasteur na Mayangani na Mbula na Yesu Egelesia Sungkyul na Coree, mpe sima mbula minei na 1990, mateya ma ye mabanda kotalisama na Australie, Rusia, mpe ba Philippines. Kaka sima na tango moke ba mboka ebele koleka mikomaki mpe kolanda o nzela na Companie na telediffusion na asia na moi kobima, Stion na telediffusion na Asia, mpe Systeme Radio na Bakristu na Washington.

Sima na mbula misato, na 1993, Egelesia Central Manmin eponamaki lokola moko na "Mangomba 50 na Mokili" na magazine na Mokili na Bakristu mpe azwaka Doctora Honorius na Bonzambe na College na Kondima na Bakristu, na Floride, America, mpe na 1996 azwaka Ph.D. na Mosala na Nzambe na Kingsway Seminaire ya Theologique, na Iowa, America.

Wuta 1993, Dr. Lee abanza kopanza sango malamu na mokili na nzela na ba croisade na bapaya na Tanzanie, Argentine, L.A., Baltimore City, Hawai, mpe na New York na America, Uganda, Japon, Pakistan, Kenya, Philippine, Honduras, Inde, Russie, Allemagne, Peru, Republique Democratique ya Congo, Yisalele mpe Estonie.

Na 2002 andimamaka lokola "molamusi na mokili mobimba" mpona mosala na ye na nguya na ba croisade ebele na bikolo na bapaya na ba Makasa minene na ba Sango na

Bakristu na Coree. Mingi mingi ezalaki Croisade na ye na New York City na Madison Square Grden, Ndako na ekenda Sango mokili mobimba. Milulu etalisamaki na ba mboka 220, mpe na 'Croisade na ye na Yisalele na 2009', esalamaki na Centre na Convetion International (CCI) na Yelusaleme Atatolaka na Mongongo makasi été Yesu Christu Azali Messia mpe Mobikisi.

Mateya ma ye mitalisamaka na ba mboka 176 na nzela na satellite kosangisa GCN TV mpe abengamaka kati na basali 10 baleki na koongola baton a 2009 mpe 2010 na magazine ekenda sango na bato na Rusia magazine na Bakristu In Victory mpe agence na ba sango Telegraph na Bakristu mpona mosala na nguya makasi o nzela na bitando mpe mosala na ye kati na ba egelesia na mokili.

Kobanda Octobre na 2013, Egelesia Central Manmin ezali na lingomba koleka 120,000 na bato. Ezali na ba branche 10 ,000 na ba egelesia na mokili mobimba mpe ba branche 56 na mboka, mpe na ba missionaire 123 batindama na ba mboka 23, ata America, Rusia, Allemagne, Canada, Japon, China, France, Inde, Kenya, mpe mingi koleka, kino lelo.

Kino na mokolo na kobimisa buku oyo, Dr. Lee akoma ba buku 88, ata ba buku mikenda sango Komeka bomoi na seko liboso na kufa, Bomoi na ngai bondimi na ngai I &II, Sango na ekulusu, bitape kati na kondima, Lola I & II, Hell, Lamuka Yisalele!, Nguya na Nzambe, misala ma ye mobongolisama na ba koto koleka 76.

Ba kolone na ye na Bokristu mibimaka na, Haankook Ilbo, Hebdomadaire Joong Ang, Chosun Ilbo, Dong-A Ilbo, Munhwa Ilbo, Seoul Shinmun, Kyughyang shinmun, Hebdomadaire economique na Coree, Herald Coreen, Ba Sango Shisa, mpe presse Chretienne.

Sasaipi Dr. Lee azali mokambi na ba organization missionaire ebele mpe na masanga. Ebonga na ye ezali: President, Lisanga na ba egelesia na Yesu Christu na kobulisama ; President, Manmin Mission na Mokili mobimba. Na Lelo President, BoKristu na mokili mobimba na Mission na Association na Bolamuki; Fondateur & President na conseil na Administration, Reseau Mondiale na ba Minganga Bakristu (WCDN0 ; mpe mobandisi & President na conseil d'administration, Seminaire Internationale Manmin (MIS).

Other powerful books by the same author

Heaven I & II

A detailed sketch of the gorgeous living environment the heavenly citizens enjoy and beautiful description of different levels of heavenly kingdoms.

Tasting Eternal Life Before Death

A testimonial memoirs of Dr. Jaerock Lee, who was born again and saved from the valley of the shadow of death and has been leading a perfect exemplary Christian life.

Hell

An earnest message to all mankind from God, who wishes not even one soul to fall into the depths of hell! You will discover the never-before-revealed account of the cruel reality of the Lower Grave and Hell.

My Life My Faith I & II

Dr. Jaerock Lee's autobiography provides the most fragrant spiritual aroma for the readers, through his life extracted from the love of God blossomed in midst of the dark waves, cold yoke and the deepest despair.

The Measure of Faith

What kind of a dwelling place, crown and reward are prepared for you in heaven? This book provides with wisdom and guidance for you to measure your faith and cultivate the best and most mature faith.

Spirit, Soul, and Body I & II

A guidebook that gives the reader spiritual understanding of spirit, soul, and body, and helps him find what kind of 'self' he has made so that he can gain the power to defeat darkness and become a person of spirit.

Awaken, Israel

Why has God kept His eyes on Israel from the beginning of the world to this day? What kind of His providence has been prepared for Israel in the last days, who await the Messiah?

Seven Churches

The letter to the seven churches of the Lord in the book of Revelation is for all the churches that have existed up until now. It is like a signpost for them and a summary of all the words of God in both Old and New Testaments.

Footsteps of the Lord I & II

An unraveled account of secrets about the beginning of time, the origin of Jesus, and God's providence and love for allowing His only begotten Son Passion and resurrection!

The Power of God

A must-read that serves as an essential guide by which one can possess true faith and experience the wondrous power of God

www.urimbooks.com

www.ingramcontent.com/pod-product-compliance
Lightning Source LLC
LaVergne TN
LVHW021815060526
838201LV00058B/3396